技术与战术：
高校排球教学与训练研究

赵斌 著

中国商业出版社

图书在版编目（CIP）数据

技术与战术：高校排球教学与训练研究 / 赵斌著
. -- 北京：中国商业出版社，2023.12
ISBN 978-7-5208-2793-5

Ⅰ. ①技… Ⅱ. ①赵… Ⅲ. ①排球运动－教学研究－高等学校②排球运动－运动训练－研究－高等学校 Ⅳ. ① G842.2

中国国家版本馆 CIP 数据核字 (2023) 第 244455 号

责任编辑：陈　皓
策划编辑：常　松

中国商业出版社出版发行
（www.zgsycb.com 100053 北京广安门内报国寺 1 号）
总编室：010-63180647 编辑室：010-83114579
发行部：010-83120835/8286
新华书店经销
定州启航印刷有限公司印刷
*
710 毫米 ×1000 毫米 16 开 14.25 印张 190 千字
2023 年 12 月第 1 版 2024 年 2 月第 1 次印刷
定价：78.00 元
* * * *

前言

排球运动作为一项在全球范围内深受欢迎的球类运动，不仅拥有众多的参与者，而且在竞技场上和健身领域都占据着举足轻重的地位。排球运动对参与者的团队合作精神以及战术和技术水平都有特定的要求。高校作为育人的主要场所，承担着培养优秀排球运动人才的重任，不仅要教授学生基本的排球战术与技术，还要提高学生的身体与心理素质，为学生提供全面、系统的排球学习和训练环境。因此，教师应不断更新排球教学理念，结合学生实际情况实施教学，运用多元化的教学手段与训练方法引导学生在掌握排球运动技术和战术的同时，树立主动参与运动和终身体育的意识，培养良好的团队精神和鲜明的个性气质，注重心理修养并不断磨炼意志品质。

本书共包括六章。第一章主要探讨排球运动的定义与特点、起源与发展、功能与类型、赛事与规则，旨在帮助读者理解排球的深刻内涵。第二章为高校排球教学的理论基础，主要分析大学生的生理与心理特征以及如何定制合适的教学目标与内容，并在此基础上对高校排球教学的模式与方法进行了系统研究。第三章和第四章分别深入探讨高校排球技术、战术的教学与训练，以期为教育者提供一套科学、实用的教学策略和方法。第五章主要探究排球运动员的素质训练，并着重介绍其在高校排球教学中的关键作用。第六章主要分析高校排球教学与训练的创新发展趋势，探讨影响高校排球教学与训练创新发展的多种因素，并据此提出了一些可行性建议，为高校素质教育的开展和全民健康贡献力量。

由于作者水平有限，文中疏漏之处在所难免，敬请广大读者、同人批评指正。

目录

第一章 排球运动简述

排球运动作为一项深受许多人喜爱的体育项目，历经多年的演变和发展，已经从一个简单的休闲活动成长为集团队合作、技能展示和战略智慧于一身的综合性体育比赛。排球运动起源于 19 世纪的美国，并随着时间的推移，不断扩展到世界的每一个角落，成为国际大赛中的热门项目。排球的魅力不仅在于它的竞技性，还在于它所蕴藏的团队合作精神和策略布局。每种排球都有各自的特点，从沙滩排球到室内排球，每一种排球都有其丰富的战术和策略。为保证比赛的公平性和观赏性，各类排球赛事都制定了一套详细的竞技规则。因此，本章对排球运动的定义与特点、起源与发展、功能与类型、赛事与规则进行简要论述。

第一节 排球运动的定义与特点

排球运动是一项深受大众喜爱的运动，具有集体性、对抗性、技术性和协作性等特点。作为一项团队性质的球类项目，排球运动不仅有助于激发参与者的参与热情，也对参与者在团队合作、个人技能及对抗精神等方面具有较高的要求。

一、排球运动的定义

排球运动是两支人数相等的球队在被球网隔开的两个均等的场区内根据规则以身体的各部位将球从网上击入对方场区而不使球在本场区落地的一种集体的、攻防对抗的体育项目。① 球员根据比赛规则，利用身体的各个部位将球从网上打入对方的场地，同时努力防止球在自己这一侧触地。这项运动不仅可以在有网的场地上进行正规对抗，还可以在没有网的场地进行击球游戏和互相传球。排球运动有多种形式，可以根据其竞赛规则、比赛方式、参与人数和运动目标等因素进行分类。传统的竞技排球（如六人制排球、沙滩排球和残奥会坐式排球等）主要是通过严格的训练来提高运动员的技术和战术水平，以取得最佳的竞赛成绩，这些形式的排球运动在国际上都有统一的竞赛规则。而有些排球运动形式主要以健身和娱乐为目的，可以让参与者享受运动带来的乐趣，如软式排球、气排球、四人制排球、九人制排球、草地排球、泥地排球、雪地排球和墙式排球等，这些娱乐型排球运动在国际上尚未有统一的竞赛规则。

二、排球运动的特点

在三大球类运动中，排球运动的场地划分和比赛规则与篮球、足球运动有着较大差异。一般来看，排球运动具有以下特点。

（一）运动的趣味性

排球运动不仅考验技术和战术，还具有一定的娱乐性和竞技激情。球员在场上进行快速移动、跳跃扣球和战略部署的过程中，可以感受到排球运动所带来的趣味。而观众在观看过程中，也能够感受到排球运动的独特魅力。在排球运动比赛中，观众和球员都能感受到球场上的紧张气氛，每次球被击打过网都可能引发一段快速的、不断变换的互相攻防，

① 程锡森，金海波．运动项目概论 [M]. 天津：天津大学出版社，2010：59.

这样的场面不仅是对球员反应速度和身体协调性的考验，也能够为观众带来一次次视觉与情感上的刺激。每一个成功的扣球或精准的救球都有可能决定比赛的胜负，这使每一次比赛都成为一场不可预测的战斗。除了激烈的比赛，排球运动还需要丰富的战术与技术，如何布局、何时进攻、如何调整战术以应对对手都是比赛中的重要环节，球队之间的策略对决与实时调整使每场比赛都具有一定的观赏性和趣味性。

（二）团队的协作性

排球运动是一项集体参与的运动项目，尽管每个球员都有各自的技能和职责，但除发球之外，所有技术和战术都是在集体配合的前提下发挥的，单靠一个技术高超的球员很难取得比赛的胜利。排球运动中的战术部署和实施同样依赖于每名球员之间的紧密配合，一个精准的传球、一个恰到好处的扣杀，其背后都是团队成员之间无声的默契和配合，没有这种集体的严谨配合，战术水平是难以发挥出来的，也正因此，排球运动对每位成员的技术都有着更高的要求。高度的团队协作要求每位球员都要对自己的责任和角色有深入的理解，并学会与队友间建立默契的关系。一个团队的整体水平和集体配合的默契程度往往是由每个个体的水平带动和提升的，一个团队中，如果每位球员都能达到更高的技术水平并且具有一定的团队协作意识，那么在全体成员的共同努力下，团队一定会取得比赛的胜利。

（三）技术的全面性

排球运动并不只是对某一技能的展示，而是对球员在场上各个位置技术能力的综合考验。在排球运动中，由于规则规定，每个球员都需要进行位置轮转，也就是说，他们不仅要在前排进行扣球和拦网，在后排也要承担防守与接应的责任。因此，每位球员不能只是擅长某一特定技术或某一个位置的任务，而是应该全面地掌握并运用各项技术。

（四）高度的技巧性

排球运动是一项需要技巧的运动项目。在赛场上，无论是一次精确的发球、高难度的扣球，还是瞬时的救球，都需要球员具备一定的技巧。例如，一个成功的扣球不仅要求扣球者有出色的跳跃和击球技术，还需要对场上局势进行敏锐的觉察，对对方阵型做出准确的判断。快节奏的排球比赛要求球员必须在短时间内完成技巧动作并做出决策，这对于他们的身体协调性和心智反应速度也是一项重大考验。

（五）广泛的群体性

排球运动适应各种年龄、性别和技能水平的人群。由于排球的基本技术和规则较为简单，初学者也可以在短时间内掌握并参与到排球运动中。无论是学校的体育课，还是社区的休闲活动，排球运动都是深受大众欢迎的一种球类运动。排球运动对场地和设备的需求也相对灵活，室内的专业赛场、户外的沙滩和草地都可以成为排球运动的场地，无论是业余爱好者，还是专业选手，都可以参与到不同形式的排球运动中。

第二节　排球运动的起源与发展

排球运动自其诞生之初便与时代的脉搏紧密相连，逐渐成为风靡全球的一项体育活动。从发展历程上看，排球运动不仅仅是赛场上的角逐，更体现了技术、策略和团队合作的重要性。这一运动的发展过程蕴含着众多的历史变迁、技术创新和文化交融，在文化和娱乐方面都产生了较为深远的影响。

一、排球运动的起源

排球运动的起源可以追溯至 19 世纪末，当时美国的资本主义经济迅速发展，大量劳动力得到了解放，人们拥有更多的闲暇时间，产生出对强健体魄、充满趣味和具有文化底蕴的体育运动项目的需求。尽管橄榄球和篮球等运动在当时备受欢迎，但它们具有激烈、紧张的特点，更适合年轻人，许多中老年人难以参与。为满足更广泛的人群需求，美国的威廉·G. 摩根（William G. Morgan）基于对不同运动的观察和探索，以网球和篮球运动为基础，于 1895 年设计了一种较少身体接触和较低伤害风险的新型运动，即排球游戏。摩根原是篮球运动的一个爱好者，在篮球馆内，他将网球的球网设置为 1.98 米的高度，并将篮球的内胆作为排球。与网球相似，参与者需要在球网两侧进行来回击打，让球在空中不断飞行，直到某方未能接住导致球落地，此时该方算作一次失误。这一项新运动很快受到了人们的喜爱，因为它对运动员的要求较为宽松，适合各种年龄层次，并且具有较高的娱乐性。尽管最初的排球游戏只是一种休闲娱乐方式，但其影响和受欢迎程度却随着时间的推移持续上升。

由于篮球内胆较轻，运动员难以控制它在空中的方向，而篮球或足球由于其质量和体积较大，不适宜用手打击，还可能会对参与者的手部造成伤害。为此，摩根希望设计出一种轻便且对双手友好的球。他找到当时美国的司堡尔丁体育用品公司，该公司依据摩根的需求，成功研发出外部由皮革制成、内部为橡皮内胆的排球，其尺寸与现代排球相似，质量均匀且适中。当初，摩根为这项新运动起名为“Mitontte”，意为“小网子”。1896 年，在马萨诸塞州斯普林菲尔德举行的体育大会上的首次示范表演赛中，这种新运动受到了观众的热烈欢迎。观赛的阿尔福德·T. 哈尔斯戴德（Alfred T.Halstead）博士觉得这种球赛与网球运动有某种相似之处，因此提议将其更名为“Volleyball”，意为“空中连续接球”。这一提议深刻捕捉到了游戏的核心精神，即球在空中不断飞旋，参与者要进行连续的截击，因而得到了摩根和其他表演者的认同。1951 年，“Volleyball”一词首次在文献中出现，并自此成为该项运动的国际通用名。同年，斯普林菲尔德的两支球队进行了公开比赛，比赛采纳了卡麦隆（J.Y.Cameron）制定的排球规则，形式为五对五的对抗。

排球运动早期并没有统一的标准来规定场地尺寸、球网的高度或参与的队员人数，只需确保两队人数相等即可。1897年，人们制定了首个官方排球规则，并通过《体育》杂志在美国进行了介绍，然而这一规则并未对统一排球运动产生决定性的影响。真正的转折发生在1912年，当规则经过修订之后，排球运动开始得到人们的广泛关注。1916年制定的规则明确了室内排球的参赛人数为6人，球网高度定为2.44米，并引入了轮转发球制度。这些改变为1922年在纽约举行的首届全美男子排球锦标赛创造了条件。1928年美国排球协会成立，并迅速成为美国排球运动的核心组织，标志着排球运动开始走向正式化。同年，女子排球比赛也制定了特定的规则。这些规则（如每队上场8名队员和双重发球轮转）一直持续至20世纪50年代。1949年，美国举行了第一届女子排球比赛，此后女子排球运动也得到了迅速普及。

随着社会、学校对排球运动的热情不断升温，美国军队也开始关注这项运动，并将其纳入了军事体育项目之中。自第一次世界大战后，军队内部的排球活动得到了迅速普及，特别是在空军中，排球运动更是达到了前所未有的热度。尽管如此，排球运动在美国却长期被视为一种娱乐活动，直到1942年，也就是排球诞生后的第47年，美国才举办了首届全国排球锦标赛。1952年，美国陆军进行了排球淘汰赛，标志着排球运动正式从一种娱乐方式转变为正规的体育竞技项目。

二、排球运动的发展

从世界范围来看，排球运动的发展大体经历了三个阶段：从娱乐性质转变为竞技性质的初期阶段、竞技排球的迅速发展阶段、竞技排球的多元化与娱乐排球的再次崛起阶段。

（一）从娱乐性质转变为竞技性质的初期阶段

排球运动最初是作为一种供中老年人锻炼身体的娱乐活动而创立的。在这一阶段，排球运动更多的是一种休闲娱乐活动，人们通过隔网拍球，确保球不落地。起初，双方只是简单地将球击过网，如果没能一次成功，队友会协助再次击球。但随着时间的推移，人们意识到多次配合击球能更有效地创造得分机会，从而形成了初步的集体配合战术。之后，为增加游戏的挑战性和公平性，人们规定每队在将球击过网之前只能触球三次，这一变化推动了排球技术的进化，原本单一的击球动作分化成传球和扣球两种技巧。扣球是一种富有攻击性的技术，为抵御这种攻击，拦网技术应运而生。发球技巧也从简单的上手投球转变为侧面发力的上手发球。至此，排球运动实现了质的飞跃。

随着竞技性和对抗性的加强，人们开始关注比赛规则的完善。1921 年至 1938 年，排球规则经历了多次修改，发球、传球、扣球和拦网被确定为四大核心技术，队员间开始有了明确的位置分工。为了对抗集体拦网，结合大力扣球和吊球的战术也应运而生，相应的战术体系也逐渐完善。

从整体来看，这一阶段排球运动从一个简单的娱乐活动逐步转化为竞技体育项目，但国际性的比赛还未形成统一的规则和竞赛机制。

（二）竞技排球的迅速发展阶段

在第二次世界大战后，人们对排球运动的热情日益高涨，许多国家纷纷建立自己的排球协会。为进一步加强国际排球竞赛与交流，国际社会对一个统一的组织有着迫切的需求。1946 年 8 月 26 日，法国、捷克斯洛伐克和波兰三国的排球代表于布拉格（捷克斯洛伐克首都）召开会议，并倡导建立国际排球联合会。1947 年 4 月，国际排球联合会（以下简称国际排联）在巴黎正式成立，此次大会吸引了 14 个国家的排球协会负责人参与。在会议上，法国的保尔·黎伯（Paul Lieber）被选为首任主席。会议还顺利通过了国际排联的宪章，并分别成立了技术委员会、竞赛委员会和裁判委员会，同时发布了统一的排球竞赛规则。国际排联的成立，标志着排球运动正式跨入了一个新的竞技时代。

之后，国际排联积极地组织并推广了众多的国际性赛事。例如，首届欧洲男子排球锦标赛于1948年开赛，女子排球锦标赛则于1949年启动；1949年和1952年分别举办了首届世界男子和女子排球锦标赛；1965年和1973年，世界杯男、女排球赛相继开幕；1977年，首届世界青年男女排球锦标赛应运而生，全球的青少年排球爱好者也有了他们的舞台；1964年，排球成为奥运会的正式比赛项目。这些国际大赛都是每四年举行一次，至今仍在持续。国际排联的各大洲分会也纷纷组织了锦标赛、洲际运动会排球赛和青年锦标赛等赛事。在此背景下，排球运动的技术和战术得到了快速的提升和发展，特别是在20世纪50年代，东欧地区的排球实力崭露头角。苏联男、女排球队凭借出众的身高、体型和猛烈的扣球，成为那个时代的“力量派”标杆，并多次荣膺世界冠军。而捷克斯洛伐克的男子排球队作为“技巧派”的佼佼者，他们的扣球变化多端，能精准地控制球的落点，形成了与“力量派”截然不同的风格。尽管在直接的较量中，“技巧派”往往难以完全占据上风，但他们都为这项运动增添了不少看点。

在20世纪60年代至70年代初，排球技术与战术呈现了快速发展的态势，各国在世界排坛上展现出了各自独特的流派与风格。在20世纪60年代初期，日本女子排球队在大松博文教练的指导下，引入了滚动救球、小臂垫球和勾手飘球等技术，这些革新性的策略突破了以苏联和东欧为代表的传统技术模式，打破了苏联女排长期独占世界冠军的局面。这一时代的女子排球展现了以日本的“防守加配合”与以苏联的“进攻加力量”为特色的竞技风格，两国队伍在第八届大赛中各夺四金，为世界女排史增添了日苏对决的精彩篇章。

1965年，国际排联调整了比赛规则，允许选手在手越过球网的情况下进行拦网。这一规则变更使如何突破对方拦网、增强网前控制成为赢得比赛的关键所在。应此规则的变化，“力量派”的策略不再占据主导。德意志民主共和国队通过利用队伍中身材高大的选手实施“超手扣球”策略，成功应对此变革，连续两年夺得了世界冠军，赢得了“高度派”的称号。这一时期，中国男排也精准把握规则的改变，引入了“盖帽拦网”和“平拉开扣球”技巧，为“小个子对抗大个子”的策略开了先河，在国际排球界引起了广泛关注。之后，日本男排借鉴“平拉开扣球”和“近体扣球”策略，进一步发展出了“短平快”“时间差”及“位置差”的进攻模式。1972年，在第20届奥运会中，日本队成功战胜具有身高优势的德意志民主共和国队，为亚洲赢得了首枚奥运会男子排球赛金牌。以中国和日本为代表的“速度派”逐渐成型。男子排球的四大流派展现出了各自的独到之处，进一步丰富了排球的技术与战术内涵，展现了这项运动激烈的对抗性与高超的技巧性。

为进一步促进排球运动的发展，国际排联在1977年做出了规则的调整：即使在拦网触手后，队伍仍然可以连续击打球3次。这一变化为组织进攻提供了更多的机会，从而加强了比赛的攻防激烈性。20世纪70年代后期，中国男子排球队率先引入了“前飞”和“背飞”等巧妙的空间差异打法，中国女排则发明了独特的“单脚背飞”技术。此外，波兰男排还创新地推出了后排进攻战术。这些技巧和策略的出现，标志着排球的进攻战术配合从二维空间拓展到了三维空间，从平面组织转向了立体布局。在此时期，北美洲的排球实力取得了显著增强，古巴的男、女排球队和美国女排迅速崛起，并成功地进入世界排球的前列。随着国际交流的日益频繁，不同的排球流派在相互借鉴和完善中逐渐实现了有机融合。例如，欧洲的各大队伍学习并融合了亚洲的快攻策略，他们在保持强烈进攻的基础上，更注重提高比赛的速度和技巧；亚洲队伍在继续强化快速转变战术的同时，也越来越重视提升运动员的身高，以增加进攻时的威慑力。

从总体上看，20 世纪 70 年代无疑是排球竞技发展的黄金时期。在这一时期，排球运动从单一的打法模式逐渐演变成多样化的流派并存；从单纯地强调进攻转向了攻防均衡的策略；从只追求身高和力量扩展到了技术和战术的全面考虑；从单打独斗的个人能力迈向了整体的战术配合。可以说，这一时代的排球运动在技术和战术上都实现了一次质的跨越。

（三）竞技排球的多元化与娱乐排球的再次崛起阶段

1. 竞技排球的多元化

20 世纪 80 年代，竞技排球逐步走向成熟，那个只要某队在技术或战术上稍显优势就能轻松夺冠的时代已不复存在。1981—1986 年，中国女排连续五次夺得世界冠军，她们具有高度的灵活性与技术性，擅长攻防，速度与力量并存，形成了一种攻守兼备、战术多变、利用速度与高度优势的全新打法，在世界排球的发展历史上留下了令人无法忘怀的辉煌成绩。美国男排在这一时期也有着独特的创新，他们从沙滩排球中引入了两人接发球战术，并开创了摆动进攻战术，队员在比赛中采用跳发球和后排进攻技术，使前排快速进攻与后排有力进攻巧妙结合，展现出一种纵深立体的进攻模式。值得一提的是，美国男排不仅在技术上富有创新精神，而且队员的文化素养高、防守意识强、战斗意志强，这一系列的优势让他们从一个鲜为人知的队伍蜕变为连续四次夺得世界冠军的强队。中国女排和美国男排的这些成就不仅为排球技术和战术的发展做出了重要贡献，也宣告排球运动进入了一个全面攻守的新纪元，从此全攻全守不再只是描述个人的技能，而是代表了团队整体的攻防策略。

"全攻"模式挑战了传统的进攻思维，它从发球开始，一直到拦网结束。"全攻"战略不再局限于网前的二维空间，而是利用整个球场的三维空间进行进攻。例如，意大利和荷兰的男子排球不仅有高度和速度相结合的前排进攻，还具备在前排进攻协同作战下，从二传到扣球仅用 0.8 秒的迅速后排进攻，这种策略实现了高度与速度、前排与后排的完美结合，为比赛带来了全方位的进攻压力。

“全守”战略强调了对场上各个方向的全面防守。由于进攻技术的日益提高，仅仅依靠手和手臂去拦截那些如闪电般的扣球显得捉襟见肘。为了在进攻和防守之间找到平衡，国际排联在积极鼓励防守技术发展的同时，未过多限制进攻技术。1984 年，国际排联在规则上逐步放宽了对球员首次触球连击的判断；1992 年，规则从允许髋关节以上的部位触球变为膝关节以上；1994 年，规则规定身体的任何部位都可以用来触球。这些规则的变化使球员在防守时能采用身体的各个部位，从而增大了防守范围，提高了防守效果。1998 年，规则再次进行了调整，允许后排队员进行自由防守。现在的防守策略更注重预判，以“出击防守”替代了固定位置的“等待防守”，而“高位防守”更加考验球员的判断、反应速度以及控球能力。全方位防守还要求球员根据对方的进攻特点进行实时调整，确保拦网与场内防守的有效结合，破除传统的固定防守模式，从而实现在保证防守效果的同时进行有效的反攻。

2. 娱乐排球的再次崛起

随着排球运动逐渐转向竞技性，其娱乐元素相对被淡化。自 20 世纪 80 年代开始，由于竞技排球的技术和战术都经历了深刻的变革，比赛的观赏性也随之增强。但随着现代经济的进步，公众对于文化和娱乐的需求也逐渐上升。为缓解压力和疲劳，健身和娱乐运动开始受到人们的欢迎。人们不仅喜欢观看赛事，更希望能亲自参与并体验运动的乐趣。但由于排球运动的高技巧要求，许多初学者往往感到畏惧，这使大众对排球运动的参与渴望转向了一种更为大众化、易于上手的排球形式。这种需求催生了排球的性能和比赛规则的创新调整，从而使娱乐排球成为可能。

虽然国际排联通过对竞技排球进行一系列的改革吸引了众多观众，但实际参与者仍然不多。为应对这一情况，国际排联对适合广大群众参与的排球形式给予了大力支持和重视。20 世纪 90 年代，国际排联将沙滩排球纳入其整体发展计划，并成立了专门的沙滩排球委员会，确定了正式的竞赛规则。1996 年，沙滩排球被列为亚特兰大奥运会的正式比赛项目。此外，软式排球和迷你排球（或称小排球）也都组织了世界级的青少年比赛。总的来说，娱乐排球的复苏预示着现代排球运动已进入一个新的阶段，即竞技排球和娱乐排球和谐共存的时代。

第三节　排球运动的功能与类型

如今的排球运动已广泛传播到世界各地，成为国际化的体育活动。在发展与传播过程中，排球运动不仅是一项简单的体育运动，还是一种文化和生活方式，影响着无数热爱这项运动的人们。

一、排球运动的功能

排球运动作为一种深受许多人喜爱的团队运动项目，背后蕴含着合作、挑战、忍耐与胜利等深刻的精神内涵，而绝非一项单纯的运动竞赛。排球运动不仅能够促进个体身心健康发展，还影响着人们的生活方式和价值观念，对于提高国民素质、增强民族凝聚力具有积极的作用。

（一）健身功能

排球运动有助于增强身体机能，提高身体素质，促进身体的全面发展，是一种有效的健身方式。

1. 改善身体机能

排球运动作为一种集体性、对抗性的运动，对于改善参与者的身体机能具有一定的促进作用。

从运动系统的角度来看，通过科学的运动训练方法，排球运动有助于促进肌肉、骨骼和关节的健康发展。排球练习有助于促进骨骼的生长，延缓衰老，增强骨骼的抗冲击和伤后修复能力，提高关节和周围韧带的灵活性。事实上，排球运动最初就是为了丰富中老年人的健身活动而诞生，它可以在一定程度上加强老年人的骨骼健康，增强骨骼的坚韧性。

经常参加排球运动能够对中枢神经系统带来积极影响。在训练和比赛中，每一个动作的完成（从最基础的模仿到更复杂的战术判断）都离不开神经系统的指导。在排球比赛中，队员需要持续评估场上的情况、判断队友和对手的位置，这都要求中枢神经系统保持高度活跃。因此，持续的排球训练有助于增强中枢神经系统功能。

排球运动需要运动员消耗大量的能量，心脏和呼吸器官的工作效率也会得到提升，以满足身体在运动中的血氧需求。长期参与排球运动将增强心肺系统的工作能力，有效地提高心肺系统的功能水平。

2. 提高身体素质

排球运动对于提高人的身体素质也具有一定的促进作用。排球运动的多样化动作（如跑、跳和扣）不仅有助于锻炼运动者的力量、速度和耐力，还能够使运动者在迅速的动作转换中提高自身神经中枢的敏捷性。这种持续的对神经中枢的挑战有助于促进人体中枢神经系统的健全和协调。

在场上，运动者需要不断地对球进行观察，分析球与队员间的关系，并据此作出判断。在动作执行中，运动者应随时做好动作准备，以便快速响应球场上的变化。多次的重心转移（无论是单脚还是双脚）可以为运动者提供平衡能力的训练机会。近年来，随着排球技术和战术的进步，对时间和空间的把握变得尤为关键。排球的空中击球要求运动者在短时间内做出判断并执行动作，这对于锻炼运动者的感觉器官和协调性都提出了更高的要求。因此，排球运动不仅是一种娱乐运动，它还能帮助参与者全方位地提高身体素质，为身体的多方面发展提供良好的平台。

3. 增强身体抵抗力

身体抵抗力是衡量个体对各种不良因素侵害的抵抗能力的指标，它源于系统的、综合性的身体发展过程。身体抵抗力实际上是身体组织的结构与形态、身体素质和各种生理机能的协同作用。个体具有一定的身体抵抗力，说明机体在各个方面都保持相对良好的状态；反之，任何一个方面的功能下降或受损都可能使个体容易受到各种健康隐患或疾病的威胁。排球运动有助于增强身体抵抗力，参与排球运动能够在一定程度上促进身体各个部位的均衡发展，这种全方位的锻炼有益于促进身体素质和生理机能的进一步增长。个体在经历规律的排球锻炼和训练之后，会在一定程度上提高身体的力量、速度和协调性，增强机体对各种不良因素（如过敏源、病毒等）的抵御能力。简而言之，排球运动是一个有效的手段，个体通过系统的锻炼和训练，能够增强身体抵抗力，使身体更为强壮，更能保持一个健康的状态。

（二）健心功能

排球运动不仅具有强身健体的功能，还会对运动员的心理素质、人格品质等产生一定的塑造作用，能够帮助运动员调整心态、释放压力，并在挑战与危机中增强自我信念与决心。

1.解压放松

排球运动作为一种积极健康的体育活动形式，不仅可以为参与者带来纯粹的运动快乐，还能够在某种程度上为人们提供释放和调整心态的机会。在日常的生活、学习和工作中，人们经常会遇到各种压力和挑战，这些压力如果得不到适当的释放，可能会导致情绪紧张和心理负担。此时，参与排球运动是一个理想的选择。排球运动的场地上有挑战，有竞争，这种竞争是健康的、积极的，它能够让人们忘记日常的烦恼，全心投入，使内在的情绪得到释放。当身体在场上飞奔时，所有的压抑和不良情绪似乎都随着汗水散去，给人一种满足和快乐的感受。排球运动本身也充满了激情与活力，每一次跃起、每一次拦网都在展现生命的活力与韧性，无论是场上的运动者还是场外的观赏者，他们都能从中感受到那种身心的自由享受与审美快感。这样的体验使人们在紧张忙碌的工作和学习之后，可以找到一个放松身心、寻求乐趣的窗口，从而达到消除身心疲劳、恢复活力的目的，使整体心理状态朝着更加积极的方向发展。

2. 改善心理素质

排球运动对于改善参与者的心理素质具有显著效果。在紧张刺激的比赛中，运动员往往会面临各种不同的情绪变化，这些情绪的快速变化、对比赛形势的及时判断、对突发状况的应对都极大地锻炼了运动员的心理韧性。在竞技场上，时间和空间的紧密争夺与对抗使比赛形势时而紧张、时而放松，而运动员必须在这种变化中迅速做出判断，稳定情绪，调整策略。例如，当比分落后时，他们需要保持冷静，不受外部因素影响；在连续失误后，他们应迅速调整状态，寻找反超的机会。运动员在这些过程中不仅要有独立思考的能力，还需与队友进行无声的默契配合，共同应对挑战。

3. 培养集体精神

排球运动是需要团队协作和共同参与的体育活动。在排球场上，无论是进攻还是防守，都需要每一个队员的通力合作，每一个人的表现都影响着整个团队的成败。在比赛的过程中，每一个击球、拦网、扣杀或发球都不是个体的独立行为，而是团队策略中的一个环节。一次成功的进攻不仅需要扣球手的精准攻击，还需要二传的准确传球和其他队员的有效分散对方注意力的假动作。同样，一次成功的防守不仅取决于接球员的反应速度，还需要全队的阵型调整和拦网的协同配合。除了技术和策略上的合作，排球运动也培养了队员之间深厚的情感纽带。在一场又一场的激烈比赛中，队员们共同承受压力、面对困难、分享胜利的喜悦，这些共同的经历使每个队员之间建立起深厚的友谊和信任，这种基于共同目标和经验的信任与情感纽带进一步强化了团队的凝聚力，使队员们更加团结，更有动力为团队而战。当团队面临困境时，这种集体精神会驱使队员们一次次挺身而出，克服困难，迎接挑战。

（三）社会功能

随着排球运动在全球范围内的普及和推广，它所具有的社会功能也越发凸显。排球运动对于提高国民体质、丰富大众社会文化生活和提升民族凝聚力方面具有十分重要的意义与作用。

1.提高国民体质

在当今社会，排球运动已成为众多国民健身运动中的佼佼者，它不仅是一项竞技体育项目，还是推动公众追求健康生活方式的有效手段。因此，政府与社会各界都在大力提倡民众参与排球运动，期望通过这种运动方式增强人们的体质、传递更加健康的生活观念。

排球运动的魅力在于其广泛的吸引力和丰富的运动形式。无论是传统的室内排球，还是户外的沙滩排球，无论是适合儿童的气排球，还是适合家庭参与的妈妈排球，每种形式都可以让人们在运动中感受到运动的乐趣。排球运动可以满足不同年龄、性别和身体条件的人们的需求，让更多的人关注身体健康。

2.丰富大众社会文化生活

排球运动是融健身、娱乐和休闲为一体的运动。人们通过参与排球活动，可以在强身健体的同时，与朋友、家人共度愉快时光，增进彼此之间的情感。这种体验不仅在于运动场上，还会影响人们的日常生活，使之变得更为丰富多彩。

3.提升民族凝聚力

从更深层次上看，排球运动还具有提升民族凝聚力的作用。在国际大赛中，每一次排球队为国家争光的时刻都能感受到全民族的期待和关注，胜利的喜悦、失利的遗憾都转化为民众深深的情感纽带。这种共鸣使人们更加紧密地连在一起，为共同的目标而齐心协力。这不仅是对体育团队的支持，更是对国家和民族的热爱和信仰。而在国内，排球运动同样具有连接不同地域、不同背景人们的魔力。无论是城市的正规赛事，还是社区的友谊赛，排球运动都能聚集众多的观众和参与者。在这个过程中，人们分享技巧、交换经验、相互学习，加深了对彼此的了解和尊重，进而强化了整个民族的内部团结。排球赛事的传播也有助于推动民族文化的交流与碰撞。通过比赛，不同地区的文化、风俗和传统得以展现和传播，有助于增强民族的文化自信心，也使整个国家的文化更加丰富多元。因此，从某种意义上看，排球运动还是提升民族凝聚力的重要工具。

二、排球运动的类型

根据不同的划分标准，排球运动可划分为不同的类型。根据运动对象划分，排球运动可分为六人制排球、九人制排球、四人制排球、妈妈排球、残疾人排球（包括坐式排球、立式排球、盲人排球）等；根据运动场地划分，排球运动可分为沙滩排球、水中排球、泥地排球、草地排球等；根据球的性质不同，排球运动可划分为小排球、羽毛排球、气排球、软式排球等（见下图）。

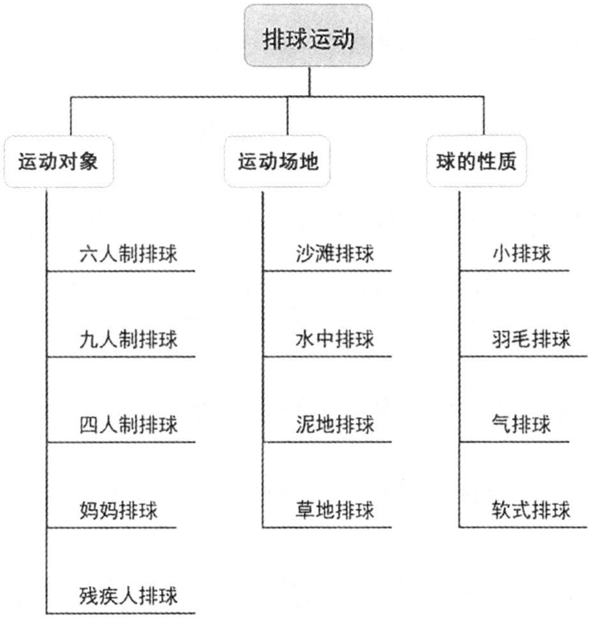

排球运动的类型

根据性质的不同，排球运动还可大致分为竞技类排球运动和娱乐类排球运动两大类，其中竞技类排球运动包括六人制排球、沙滩排球，娱乐类排球运动包括九人制排球、四人制排球、软式排球、气排球等。下面简要介绍几种排球运动的类型。

（一）六人制排球

六人制排球是排球运动中最为常见和传统的形式，它在全球的各大排球比赛（如奥运会、世界杯和各国的国内联赛等）中都得到了广泛的应用。在六人制排球比赛中，每队由 6 名运动员组成，他们在场地上的分布通常是前排 3 名、后排 3 名。根据他们的位置和职责，这些球员可分为进攻手、副攻手、接应、自由人等。比赛开始时，球从一队的后排球员手中发出，目标是让球越过网并落在对方场地的地板上，每次成功的进攻都会让发球队得分。当球被击打回来时，队伍需要进行接球、扣球和拦网等操作，以保持对球的控制并继续尝试得分。六人制排球要求队员之间有高度的默契与配合，运动员需要根据比赛的进程迅速调整自己的位置，与队友进行无缝的配合，共同完成防守和进攻。

这种排球形式的策略和技巧相当丰富，不同的扣球技术、发球方式、接应策略以及位置转换都为比赛增添了战术深度，精湛的技巧、出色的身体条件、出其不意的策略变化以及队伍之间的紧张对抗都使六人制排球成为深受人们喜爱的体育赛事之一。

（二）沙滩排球

沙滩排球是在沙滩上进行的排球比赛。与传统的六人制排球相比，沙滩排球有其独特的魅力，逐渐成为一项受欢迎的国际性竞技体育项目。沙滩排球的每队有两名球员，其场地是由沙子组成的，这在一定程度上增加了比赛的难度。运动员在移动和跳跃时，沙地会带来一定阻力，因此运动员需要具备更好的身体协调性和力量。从比赛规则上看，沙滩排球的规则也与室内排球略有不同，特别是在计分方式、发球权的转换及球员位置的变化上。沙滩排球采用“大分制”，即每局比赛都会进行计分，不论哪队发球，要赢得一局比赛，一队需要得到 21 分（决胜局为 15 分），并且至少领先对方 2 分，一场比赛通常由三局两胜制决出胜负，若双方各赢一局，则进行第三局决胜局。在发球权的转换上，当发球队失分时，发球权将转交给对方，而非继续由原队伍发球，这与室内排球的早期“小分制”有些相似，不过在沙滩排球中，每次失去发球权也意味着对方得分。沙滩排球的场地较小，且每队只有两名球员，因此位置变化的规则也相对简单，两名球员在每次得分后必须交换位置，无论是正在发球还是准备接球，这意味着在一次发球轮次中，两名队员都有机会进行发球和接球，不同于室内排球，沙滩排球没有固定的前排或后排位置，因此球员的移动和站位更为自由，但他们在场地的两边之间交换位置是固定的。

（三）九人制排球

九人制排球是每队由 9 名球员组成的排球比赛形式。从场地规模上看，九人制排球的场地比标准的六人制排球场地要大（一般场地长 22 米、宽 11 米，女子场地长 18 米、宽 9 米），因此球员需要更大的移动范围和更强的体能来完成比赛。在九人制排球中，每队的 9 名球员中有 3 名前排球员、3 名后排球员和 3 名自由人，这与六人制排球有所不同。在比赛中，进攻主要采用快球掩护下的各种战术；防守一般采用 3 人集体拦网、二排中的队员跟进保护、后排 3 名队员防守的布防形式。正式比赛采用五局三胜制，比赛采用每球得分制，以某队先得 21 分并领先对方 2 分为获胜，无最高分数限制。九人制排球队员在比赛场上的位置不轮转。①

① 杨建文．排球 [M]. 兰州：甘肃人民出版社，2014：212.

（四）四人制排球

四人制排球源于我国 20 世纪 90 年代初期，最初设置目的是提高运动员的强攻和防守能力。四人制排球由两队各 4 名球员在一个长 18 米、宽 9 米的场地内展开激烈的对抗。在这种赛制中，场上的 4 名球员没有明确的前后排之分，他们都有资格参与攻防，无论是扣球还是拦网。发球遵循预先确定的顺序，球员在场地上的站位相对自由，没有严格的规定。在比赛策略上，四人制排球经常采用 3 人负责接应和发球、1 人负责二传以及单人进行拦网和 3 人防守的组合。比赛遵循三局两胜的制度，即首先达到 15 分并领先对手 2 分的队伍将赢得该局（如 15 ：13 或 16 ：14 等），前两局的得分上限是 17 分，而在决定胜负的第三局，每次得分都将被计算，没有设定最高分数限制。

四人制排球由于人数相对较少，更容易组建队伍参与比赛。由于比赛规则对进攻存在特定的限制，球员的触球次数和扣球频率都有所增加，这使比赛节奏更为紧凑。这种强烈的参与感和连续的比赛节奏有助于激发初学者对该项目的兴趣，提高队员远网扣球、接发球和防守等基本功。

（五）软式排球

软式排球由柔和的橡胶材料打造，具有舒适的触感和良好的弹性，其颜色明亮，常见的有浅黄、浅绿和浅蓝等色调。球的质量大约为 210 克，成人用球的周长为（78 ± 1）厘米，儿童用球的周长为（66 ± 1）厘米。这些特质使软式排球能够适应各种练习和比赛形式，适合各个年龄段和性别的人群。

软式排球运动主要分为“软排游戏”和“软排竞赛”两大类。其中，“软排游戏”注重参与和乐趣，速度相对较慢，规则简单，容错率高，特别适合排球初学者；“软排竞赛”则为人们提供了更正式的比赛体验，但其规则仍旧简明易懂，并且有多种组织形式可供选择（如家庭制、三人制、六人制和混合制等），确保不同性别、不同年龄的参与者都能找到适合自己的比赛形式。在软式排球运动中，发球者在发球时必须有一只脚在后场线上或后场线后，并且球必须在下落时击打。球员在连续触球时，不能有两次连续的上挥或击打动作，也就是说，如果一个球员将球上挥到空中，他不能再次上挥或击打，除非另一个队员已经触及了球。和传统的排球比赛相似，软式排球比赛只有在具有发球权的一方得分时才计分。

软式排球因其独特的规则和策略而受到许多国家和地区的喜爱，特别是在亚洲地区。软式排球提供了一种与传统排球略有不同的玩法，增加了比赛的趣味性和挑战性。

（六）气排球

气排球运动是一项集运动、休闲、娱乐于一体的群众性体育项目。气排球的技术主要分为步法与手法两大类。步法主要是如何迅速且灵巧地移动脚步以及助跑和跳跃的技术；手法则是击球时如何使用手指、手腕和手臂发力以及控制球的技巧。虽然六人制排球的多数技术动作可以应用到气排球上，但由于气排球的球体尺寸更大、击球的接触面更广且质量更轻，这使球在飞行时易受气流干扰，容易出现如“晃动”“下沉”或“变线”的轨迹变化，这与六人制排球的飞行特性有所不同。为了适应这一特点，气排球运动员在长时间的实践中发展出了“捧”“抱”和“托”等独特的技术动作，有效地克服了上述挑战。

在气排球比赛中，每队由 5 名队员组成，他们在长 12 米、宽 6 米的标准场地上使用特制的柔软塑料球开展激烈的集体对抗。这种比赛遵循三局两胜的制度，队伍在达到 21 分时即可取得一局的胜利。当局面进展至 20 ： 20 时，率先达到 21 分的队伍胜出；在决定胜负的第三局中，双方累计得分到 8 分时需交换场地，当比分为 14 ： 14 时，首个达到 15 分的队伍将获得最终胜利。

气排球的显著特点是其竞赛方式的简洁性与易于理解。它最大的魅力在于，即便是初次接触此项目的参赛者，也能轻松地投入激烈的比赛之中，这大大提高了项目的趣味性。由于球的体积较大且材质柔软，参赛者在比赛过程中不易受伤，这进一步增强了该运动的普及性与受欢迎度。

第四节　排球运动的赛事与规则

排球运动作为一项集团队精神、技巧与策略于一身的运动，历经百年的发展，已经吸引了全球无数的爱好者。无论是奥运赛场上的激烈对决，还是校园与社区中的友谊赛，排球运动都以其独特的魅力与活力吸引着参与者和观众。为确保比赛的公平、公正与专业，国际排联和各国排球协会都对赛事和规则进行了严格的制定与修订，以期为运动员提供公正、公平的竞技环境，并为观众带来极致的观赛体验。

一、排球运动的重大赛事

（一）国际排球运动赛事

目前，排球运动重要的国际赛事有世界排球锦标赛、世界杯排球赛、奥运会排球赛等。我国自参赛以来在这些国际重要赛事上，都取得了一定的成绩。

1. 世界排球锦标赛

世界排球锦标赛由国际排联主办，首届世界男子排球锦标赛于1949年举办，首届世界女子排球锦标赛于1952年举办，每四年一届。最初，世界各国都有资格申请参加此项赛事，并且没有参赛队伍数量的限制。但自1986年起，国际排联规定参赛队伍的最大数量为16队，东道主国家的代表队和前一届世界排球锦标赛中的前七名都可以直接获得参赛资格，洲锦标赛的冠军也可直接参赛，余下的参赛名额则留给在国际排球联合会资格赛中胜出的队伍。

世界排球锦标赛是排球领域的顶尖赛事，参赛队伍数量众多、比赛时间跨度长且赛制严格，是全球众多排球强队竞相夺冠的赛事之一。

截至 2022 年，世界排球锦标赛已成功举办男子赛事 20 届、女子赛事 19 届，如表 1-1 所示。

表1-1　历届世界男子、女子排球锦标赛

年份	世界男子排球锦标赛		世界女子排球锦标赛	
	举办国	冠军	举办国	冠军
1949	捷克斯洛伐克	苏联	—	—
1952	苏联	苏联	苏联	苏联
1956	法国	捷克斯洛伐克	法国	苏联
1960	巴西	苏联	巴西	苏联
1962	苏联	苏联	苏联	日本
1966	捷克斯洛伐克	捷克斯洛伐克	日本	日本
1970	保加利亚	德意志民主共和国	保加利亚	苏联
1974	墨西哥	波兰	墨西哥	日本
1978	意大利	苏联	苏联	古巴
1982	阿根廷	苏联	秘鲁	中国
1986	法国	美国	捷克斯洛伐克	中国
1990	巴西	意大利	中国	苏联
1994	希腊	意大利	巴西	古巴

续表

年份	世界男子排球锦标赛		世界女子排球锦标赛	
	举办国	冠军	举办国	冠军
1998	日本	意大利	日本	古巴
2002	阿根廷	巴西	德国	意大利
2006	日本	巴西	日本	俄罗斯
2010	意大利	巴西	日本	俄罗斯
2014	波兰	波兰	意大利	美国
2018	意大利、保加利亚	波兰	日本	塞尔维亚
2022	波兰、斯洛文尼亚	意大利	荷兰	塞尔维亚

注：自 1982 年起，世界男子、女子锦标赛由单一的一个城市转为在一个国家的几个城市举行。

2. 世界杯排球赛

世界杯排球赛由国际排联主办，每四年举行一次，通常在奥运会的前一年作为奥运会的预选赛举行，前三名的队伍将获得奥运会的参赛资格。

世界杯排球赛参赛队伍的数量有一定的限制，要求总数不超过 12 队。资格获取途径为东道主国家代表队、上届的冠军队以及各大洲锦标赛中前两名的队伍。具体到参赛球队的构成，通常包括各大洲的冠军、在世界排球锦标赛中除欧洲冠军外的前四名球队以及一支外卡球队。大多数比赛均以单循环赛制进行，1973 年、1977 年和 1989 年的三届赛事除外。在 2011 年的第 11 届世界杯赛中，赛事引入了一种创新的计分方式：3 ∶ 0 或 3 ∶ 1 取胜的球队将积累 3 分，败者不得分；3 ∶ 2 取胜的球队获得 2 分，负队获得 1 分。这一计分机制进一步增加了比赛的竞争性和观赏性。

截至 2019 年，女子世界杯排球赛共举办了 13 届，如表 1–2 所示；男子世界杯排球赛共举办了 14 届，如表 1–3 所示。

表1-2　历届女子世界杯排球赛

年份	参赛队	冠军	中国队名次
1973	10 支	苏联	未参赛
1977	8 支	日本	第四
1981	8 支	中国	冠军
1985	8 支	中国	冠军
1989	8 支	古巴	季军
1991	12 支	古巴	亚军
1995	12 支	古巴	季军
1999	12 支	古巴	第五
2003	12 支	中国	冠军
2007	12 支	意大利	未参赛
2011	12 支	意大利	季军
2015	12 支	中国	冠军
2019	12 支	中国	冠军

表1-3　历届男子世界杯排球赛

年份	参赛队	冠军	中国队名次
1965	11 支	苏联	未参赛
1969	10 支	德国	未参赛
1977	12 支	苏联	第五
1981	8 支	苏联	第五
1985	8 支	美国	未参赛
1989	8 支	古巴	未参赛
1991	12 支	俄罗斯	未参赛
1995	12 支	意大利	第九
1999	12 支	俄罗斯	第十一
2003	12 支	巴西	第十

续表

年份	参赛队	冠军	中国队名次
2007	12 支	巴西	未参赛
2011	12 支	俄罗斯	第十一
2015	12 支	美国	未参赛
2019	12 支	巴西	未参赛

3. 奥运会排球赛

1964 年，在第 18 届奥运会上，排球赛被正式列为奥运会比赛项目，每四年举办一次。为确保赛事的公平性，奥运会排球赛拥有严格的筛选机制。男、女赛事分别有 12 支队伍参赛，这些队伍的产生规则如下：奥运会主办国将直接获得 1 个名额；上一届世界杯排球赛中排名前三的队伍各有 1 个名额，总计 3 个；五大洲的奥运会预选赛会选出 5 支队伍；而在奥运会前，由国际排联直辖举行的奥运落选赛将选出剩余的 3 支队伍。

奥运会排球赛通常先进行分组的单循环赛，小组赛的前 4 支队伍将进入交叉淘汰赛，以决出最后的胜者。然而，考虑到实际的场地、时间等因素，具体的竞赛方法可能会有所调整。为保证赛事的顺利进行和高水平的竞技表现，每一届比赛的具体竞赛方法均由国际排联提前研究并做出决定。例如，在 2004 年的雅典奥运会中，12 支参赛队伍首先被划分为两个小组进行小组阶段的单循环比赛，在这两个小组中，排名前四的队伍晋级到四分之一决赛，四分之一决赛采用交叉淘汰制，即每组中排名第一的队伍与另一个组排名第四的队伍对决，排名第二的队伍则与另一组的排名第三的队伍比赛，这样的淘汰机制确保了 4 支最强队伍晋级到半决赛，在半决赛后，胜出的两队将进入决赛争夺金牌，未能晋级的两队则将角逐铜牌。

截至 2020 年，奥运会排球赛共举办了 15 届，如表 1-4 所示。

表1-4　历届奥运会排球赛

年份	举办地	男子冠军	女子冠军
1964	东京	苏联	日本
1968	墨西哥城	苏联	苏联
1972	慕尼黑	日本	苏联
1976	蒙特利尔	波兰	日本
1980	莫斯科	苏联	苏联
1984	洛杉矶	美国	中国
1988	首尔	美国	苏联
1992	巴塞罗那	巴西	古巴
1996	亚特兰大	荷兰	古巴
2000	悉尼	南斯拉夫	古巴
2004	雅典	巴西	中国
2008	北京	美国	巴西
2012	伦敦	俄罗斯	巴西
2016	里约热内卢	巴西	中国
2020	东京	法国	美国

（二）国内排球运动赛事

排球运动在我国也有着悠久的历史和广泛的影响。国内的排球运动赛事不仅可以为选手提供锻炼和展示自己的舞台，还有助于推动排球运动在国内的普及和发展，激发广大群众对这项运动的热情。

1. 全国排球联赛

全国排球联赛是我国最高级别的排球运动赛事，每年举办一次。为了进一步推进排球运动赛制的改革，排球运动管理中心在 1999 年决定采取更积极的措施。2000 年，参赛的男女队伍从原来的 8 支增至 12 支，并明确参赛队伍必须为俱乐部形式。在赛季结束时，排名第 11 和第 12 的球队将被降级，需参与全国排球联赛资格赛。

全国排球联赛大致可以分为四个主要阶段：

第一阶段：分为 A、B、C 三个小组进行比赛，根据成绩，排名较前的球队可晋升上一组，排名靠后的队伍则降至下一组。

第二阶段：其比赛形式与第一阶段相似。

第三阶段：确定前 8 名球队，并鉴别出需参与保级战的最后 4 名球队。

第四阶段：前 4 名球队通过交叉赛来决定最后的排名。

2. 全国排球锦标赛

全国排球锦标赛于 1980 年被正式纳入重要全国性排球比赛，每年举办一次。

全国排球锦标赛一般由 16 支队伍分两个赛区比赛，上半年分区预赛，排出各分区名次，然后根据分区名次，前几名集中，中间及后几名分别集中于各赛点，赛出当年的全国排球锦标赛总的名次。现在的锦标赛已成为一些高水平的佳绩队伍锻炼年轻队员，试用新技术、新战术的比赛。

3. 全运会排球赛

全运会排球赛，全称为中华人民共和国全国运动会排球比赛，每四年举办一次，分预赛和决赛两个阶段进行。作为全国范围的综合性运动盛会，全运会自 1959 年的首届至 1987 年的第六届都将排球列为官方竞赛项目。赛事首先进行分区预选赛，一般分为两个赛区，接着从每个赛区选出的前六强队伍会进入决赛阶段，最终在这些队伍中决定全国 1 至 12 名的排名。

排球运动在我国的竞技体育中是一个重点发展的项目。国内各种排球赛事为运动员提供了大量参赛机会，帮助他们积累比赛经验。我国还积极组织运动员参与世界排球赛事，并支持他们参加国外集训，这为提升我国排球运动在国际竞技场上的实力奠定了良好的基础。

二、排球运动的基本规则

排球运动规则是由场地设备要求、技术性规定和非技术性规定等方面的内容组成的综合性指导原则。排球运动的场地、设备、比赛方式和参赛人数等各个方面都与其他体育运动项目有着本质区别。参赛者的权利与责任、比赛的间断及延误、队员的不良行为等方面的规则规定了排球运动参加者必须在公正和遵守体育道德的环境中比赛。

下面是排球运动的一些基本规则。

（一）场地与设备

场地尺寸长 18 米，宽 9 米，场地被中央球网分为两部分，四周留有一定的无障碍区，上方也留有一定的无障碍空间。球场中间挂网，网下面画有中线。中线两侧 3 米处画有两条平行线，称为进攻线。进攻线将每个场区分为前、后场区。场上各线宽为 5 厘米，端线的宽度包括在球场面积内。

排球比赛场地的区域包括比赛场区、前场区、换人区、发球区、准备活动区。比赛场区是排球比赛的主要区域，由中线分为长 9 米、宽 9 米的两个相等的场区，每队在其中一侧比赛。前场区是从中线到攻击线（距离中线 3 米）的那一块区域，前排球员在这个区域中主要进行攻击活动，后排球员除非在 3 米线后起跳，否则不得在前场区进行进攻性击球。换人区位于场地两侧，距离中线 4.5 ～ 6.5 米，是球员替换进出场的地方，当需要替换球员时，球员从这个区域进入或离开场地。发球区在两边的端线外，在两条边线的延长线上各画两条长 15 厘米、垂直并距离端线 20 厘米的短线，两条短线之间为发球区，发球区的深度延至无障碍区的终端，当球队得到发球权时，球员需要站在这个区域内发球。准备活动区在两个无障碍区外的替补席远端，尺寸为 3 米 ×3 米，供等待上场或刚刚下场的球员进行热身和准备活动。

球网长 9.5 米，宽 1 米，网孔为 10 厘米见方。网上沿缝有 5 厘米宽的双层白色帆布。球网挂在两侧的球网柱上，与中线垂直。男子网高为 2.43 米，女子网高为 2.24 米。球网两端垂直于边线和中线的交界线各有 5 厘米宽的标志带，其外侧各连接一根长 1.80 米的标志杆，杆的顶端高出球网上沿 80 厘米。

排球外表由柔软的熟皮或人造革制成，内装橡皮胆，圆周为 65 ～ 67 厘米，质量为 260 ～ 280 克，气压为 0.3 ～ 0.325 千克 / 平方厘米，颜色为国际排联批准的彩色球。

（二）比赛制度

一场比赛通常分为五局，先赢三局的队伍获胜。前四局每局 25 分，如果打成平手，则第五局决胜局为 15 分。每局必须领先至少 2 分才能获胜。

排球运动比赛的目标是将排球击打到对方场地使其触地，同时要阻止对方将球打到本方场地。成功将球击打到对方场地并触地的队伍得分，得分的队伍可以继续发球，直至失误或被对方夺分。每局比赛的胜者是首先得到 25 分（至少有 2 分之差）的一方。如果双方战至 24 ： 24，那么一方需要领先 2 分才能赢得这一局。一般来说，一场比赛为五局三胜制，即队伍首先赢得三局即为最终胜利者。在比赛过程中，教练和球员之间的互动也受到严格的规定，如教练在比赛中只有在特定时机使用暂停机会才能与球员进行交流。为确保比赛的公平性，裁判员和助理裁判员需要在场地周围密切观察比赛进程，确保球员们遵守规则，并对违规行为进行处罚。

（三）球员与位置

排球场地分为前场和后场，全队由 6 名球员组成，其中 3 名球员站在前排，另外 3 名球员站在后排。其中，前排中间位置的球员通常为主攻手，他主要负责扣杀，两边位置的球员负责辅助进攻手和拦网；后排球员主要负责防守、接发球和二次进攻。场地后排正中间的球员特别重要，他通常是全队的防守核心，称为“自由人”，这个位置的球员通常身穿与其他队员不同颜色的球衣，他们在比赛中可以自由替换其他球员上场，但仅限于后排，并且不得进行攻击。

在比赛过程中，球员们需要按照顺时针方向轮流换位，这就要求球员不仅要熟悉自己的专长，还要适应不同的位置和任务。每当一队得分，正在发球的这支队伍需要进行位置轮换，这意味着球员们在比赛中会不断调整自己的位置，以适应比赛的需求。

球员在场上的移动并不是随意的，他们在移动时必须确保不触碰到场地边线，而且在每次发球前，六名球员都需要在自己的位置上，直到发球手发出球后才能开始移动。

（四）发球与得分

发球是排球比赛的开始，比赛中的球员需要站在自己半场的后场线后发球。当发球员击打球后，对方需要准备接下这次攻势。发球者必须确保球是在后场线后被击打的，否则将被判违规。发球可以采取多种技巧，如上旋、下旋、浮球或跳发等。球员会根据自己的技能、策略或对方的部署来选择发球方式，如强烈的跳发可以让对方难以预测球的轨迹，而浮球可能会使对方在判断时出现误差。

球被发出后，接下来的目标就是使球落在对方的场地内或让对方在三次触球内无法将球回击过网。每当一队成功做到这一点，无论是通过对方的失误还是自己的技巧，他们都会获得一分。

现代排球规则采用的是“每球得分制”，无论哪支队伍发球，只要对方出现失误或者被得分，发球的队伍就可以获得分数。这与“旧制”不同，当时的规则规定只有发球方才能得分。当比赛进行到一方达到规定分数并领先对方至少 2 分时，该局比赛即告结束。如果双方打成平手，比赛将继续进行，直到一方领先对方 2 分。

（五）击球

在比赛中，球员可以使用身体的任何部位去接触球，但在实际比赛中，最常用的部位是手和前臂。当球从对方场地飞来时，球员通常首先进行的是扣球或是接发球，此时球员通常使用双臂合并，利用前臂的部分来使球弹起，为队友提供一个好的传球位置，正确的技巧可以确保球稳定地传给队友，并减少失误。接下来的动作是传球，球员通常用手的上部，特别是指尖去触碰球，旨在将球准确、迅速地传递给打手或组织者，为下一步的进攻创造条件，传球的精确性对于进攻的成功至关重要，一个好的传球可以为队友创造得分的机会。最后的动作是进攻，通常由前排的打手完成，他们利用强烈的上半身力量，用手掌的上部猛击球，使球快速飞往对方场地，正确的击打角度和力量可以让球更容易越过对方的防守，并成功得分。

在整个击球过程中，球员需要避免触网和进入对方的场地，每支队伍在每次进攻中只能触球三次（不包括挡球），并且同一个球员连续触球两次的情况必须在扣球或拦网之后。除此之外，排球比赛中还有一些关于击球的其他规则。例如，球员在击球时不能持续地带球或抓球，这意味着球必须是瞬间被击打，而不能在手中停留；在挡球的情况下，如果球在被挡下之前已经越过了网，那么挡球球员触球并不计入三次触球中。

（六）犯规

在排球比赛中，确保公平竞技的一个重要途径就是遵循游戏规则，避免犯规。犯规通常意味着一个球队失去了对球的权利，并可能为对手带来得分的机会。

接触球是排球运动中的核心动作，但在这个过程中有许多潜在的犯规情况。例如，球员在击球时不能连续触球两次，除非他是在挡球或扣球的情况下；每支队伍在一个进攻轮次中只能接触球三次，如果超过这个次数，就被视为犯规；球员必须确保他们在打球时不触及网或进入对方的场地。除了接触球的规则，排球比赛中的犯规还包括：球落在边界线上也算入界；若球触及网但过网，则球仍然有效；如果球员在进攻球时接触到了网或者越过中央网的空间干扰对方，则为犯规；球员不能在发球、扣球时跨越后场线；等等。

发球是比赛的第一步，但这个环节也存在犯规的可能。例如，发球球员在发球时越过或触碰后场线，或者在准备发球时超出了 8 秒的限制，都会被视为违规；如果在发球时场上球员的位置出现错误或球员的轮转顺序有误，也会受到处罚。后排球员和自由防守球员在特定情境下有特定的动作限制，若违反这些限制也会被视为犯规。当然，所有形式的不当行为或不良举动都将受到裁判的处罚，确保比赛的公正进行。在比赛中，一方队员犯规，判对方得 1 分并获发球权。如果双方队员同时犯规，则判“双方犯规”，该球重发。

（七）暂停与换人

在排球比赛中，从第一局至第四局，在任何一队得分达到 8 分或 16 分时，都会自动进入技术暂停，此暂停时间为 90 秒。除此之外，每支队伍在每局都有权利主动要求两次暂停，每次时间为 30 秒。但是，到了决胜局，也就是第五局，技术暂停将不再出现，此时每队只有两次要求暂停的机会，每次仍为 30 秒。

关于球员的替换，在每局中，每队都有六次替换的机会，这六次替换可以是单人或是多人同时进行替换。那些初始阵容的球员在同一局内有资格离开场地一次并再次进入场地一次，但他们回到场上时，必须恢复到原始位置。而对于替补球员来说，他们在每局只有一次上场的机会，并且只能替换他们原先下场的那位球员。

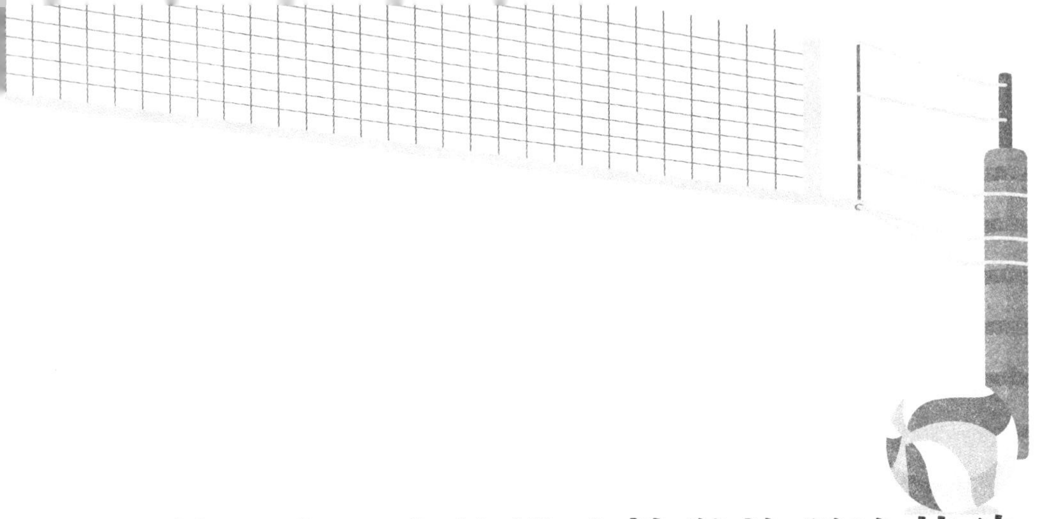

第二章　高校排球教学的理论基础

大学阶段的学生正处于人生的黄金时期，他们在生理上进入成熟阶段，心理上则寻求自我认同，对于多种体验充满好奇。在这关键的时期，排球运动对学生来说不仅仅是一项体育项目，更是培养团队精神、增强体质、锻炼意志的有效途径。因此，为确保排球教学达到预期效果，教师必须深入理解大学生的生理与心理特征，制定与之相匹配的排球教学目标与内容。高校排球教学不只是为了传授技能，更重要的是希望通过排球运动来助力学生的全面发展，培养他们的身体与心灵。为此，教师需要明确教学意义与原则，确保每一次传球、扣杀都与学生的个人成长紧密相连。根据时代的进步和教育的需求，教师也需要不断探索和创新高校排球的教学模式与方法，确保教学与实践、理论和技术相得益彰。本章主要论述高校排球教学的理论基础，旨在为后面章节技术和战术教学与训练的实施提供必要的理论依据。

第一节　大学生的生理与心理特征

在高校中开展排球教学，教师必须充分考虑大学生的生理与心理特征，遵循大学生身心发展的一般规律，制订适合大学生生理特性的训练计划和教学策略。也就是说，大学生的生理与心理特征是高校排球教学重要的理论基础之一，教学活动的设计与实施必须以此为依据。大学生通常是指正在接受高等教育的学生，一般他们的年龄范围是 18 ～ 23 岁。这一阶段的学生处于青春期的后期，身体发育已经趋于成熟。在心理上，大学生具有许多青春期后期的典型特质，如形成的辩证思考能力、日益稳固的自我认知、建立紧密的同伴关系以及逐渐稳定的价值观。然而，作为一种特殊的群体，大学生也具有他们独特的生理和心理特征。

一、大学生的生理特征

（一）形态发育

大学生，特别是低年级的学生，已经历生命中的生长发育高峰，此时他们的身高、体重、胸围、肩宽、头围以及骨盆等身体外部形态指标都呈现出相对稳定的增长态势。此阶段学生的身体比例已经与成年人相似，骨骼的发育进入骨化的完结阶段，变得坚实而稳固。

激素在此阶段发挥了至关重要的作用，它能够引起肌纤维加粗，使肌纤维主要朝横径方向发展。在这一阶段，肌肉组织的水分比例逐渐降低，蛋白质、脂肪、糖和无机物的含量则持续攀升，由此带来的直接后果是，肌肉的横断面积增大，其质量和产生的力量均有显著的提高，接近或已达到成人的水平。这一阶段的男、女大学生在生理上也开始呈现出鲜明的差异性，男大学生的喉结更为明显，声带加宽，嗓音更为深沉，肩部逐渐扩展，胸部线条开始明显，脸上的胡须开始密集生长，使他们看起来更为阳刚有力；女大学生则表现为乳房区域更为丰满，声带相对延长，嗓音显得尖细，臀部曲线更为明显。这些第一性征的明显表现标志着大学生在生理上的逐步成熟，已具备承受更大工作和学习压力的能力，能够更好地适应各种环境变化，为心理成长和稳定发展提供基础。

（二）心脏系统

心脏是身体的重要泵血器官，此时大学生的心脏在形态结构和功能上已经发展到近乎成熟的状态。大学生的心脏质量为 300 ～ 400 克，容积为 240 ～ 250 mL，心率逐渐稳定，每分钟 65 ～ 75 次。体内的血液总量占其体重的 7% ～ 8%，每次心脏跳动时，大约有 60 mL 的血液被输送到全身。随着身体的增长和对运动需求的增加，血液输出量也相应提高，使血液能够更快地为各个器官和肌肉输送必需的氧气和营养。

这一时期的大多数大学生能够轻松地应对各种强度的体育锻炼，但是在某些情况下，部分学生可能会经历青春期高血压。这种情况通常是由于在他们的成长过程中，心脏的发展速度超过了血管的发展，再加上内分泌因素的影响，导致收缩压波动，而舒张压保持在正常范围。对于那些长期进行体育锻炼并且没有运动后不良反应的学生来说，他们仍然可以正常进行体育活动，但是在此期间，他们需要确保运动强度适中并受到适当的医学监督。随着身体发育和内部环境的平衡，这种高血压现象会逐渐减轻，最终自然消失。

随着身体的成长和日常训练，大学生的血管逐渐扩张，血流速度增快，这有助于增加心脏的输出量，从而提供更多的氧气和营养给身体各部位。随着运动和锻炼，他们的心肺耐力和效能也逐步提高，使他们在进行高强度活动时更为持久。

（三）呼吸系统

在这一时期，大学生的肺部正经历着结构和功能上的积极变化。肺部的横向和纵向不断扩展，尤其是肺泡的容量逐步扩大，为气体交换提供更广阔的空间。相比之下，男生在这方面的变化往往比女生更为明显。

在此阶段，大学生（尤其是青少年运动员）在身体发育和肺功能上都展现出卓越的潜力。随着呼吸肌的逐渐加强，呼吸的节奏也会发生一定变化：频率有所降低，而每次呼吸的深度明显增加。这种调整使青少年运动员的肺活量明显超出了同龄人。平均来说，女生的肺活量介于2500～3400 mL，男生则在3400～4000 mL。大学生运动员的肺活量数值通常会明显高于非运动员的同龄人。

（四）运动系统

随着年龄的不断增长，大学生的骨骼逐渐呈现出更为稳定和坚韧的特性，骨骼中的水分逐渐减少，无机盐逐渐增多，这不仅标志着骨化的深入进行，更使骨密度逐渐升高，从而使骨骼更为坚实和稳固。这种增强的骨骼承受能力为大学生提供了更好的运动基础，也为他们在各类体育锻炼中提供了良好的保障。

在肌肉的发展方面，受性激素（尤其是雄性激素）的影响，肌肉纤维明显增粗，使肌肉更加结实和有力。这不仅可以为大学生带来更佳的体型，还使他们在进行各种运动时，力量和耐力都有明显的提升。

尽管骨骼在20～25岁达到发育的高峰，但真正的成熟和稳定还需要到30岁左右。因此，处于青春期及其后期的大学生（特别是运动员）更应关注运动系统的整体健康。适当的锻炼和训练可以确保骨骼和肌肉得到健康、稳定的发展，为未来的生活和竞技打下坚实的基础。

二、大学生的心理特征

随着社会地位和责任感以及学习和活动方式的变化，大学生的智力发展达到较高水平，成为朝气蓬勃的青年，因而心理的发展变化急剧，心理活动活跃，心理现象丰富多彩，形成了他们自己的心理特征。

（一）大学生的自我意识

自我意识是人类意识发展的高峰，它是个体对自身以及与外部世界的关系的深入认识。这种认识能够指导人们对自己的行为进行适当的控制与调节，确保与环境之间保持一个和谐的动态平衡。在认识层面，自我意识表现为对自身的深入了解和评估；在情感层面，它表现为自尊、自信、自豪感以及对自身的责任感；而在意志方面，它表现为自我监控、调整和控制的能力。

一般来看，大学生的自我意识具有以下几个特点。

1.关注自我的发展

大学生不仅关注自我的存在、在群体中的位置，还对未来抱有深厚的期望。他们渴望得到周围人的尊重，展现自己的才能，并对未来怀有美好的憧憬。他们对自己有一个明确的目标，那就是实现自我价值。

2.自我评价能力提高

随着年龄的增长，大学生的自我评价能力也得到了显著提高。与少年期和青春期前期相比，他们在自我分析和评价方面更为成熟和理性。他们乐于主动评价身边的事物和人，具有独立的见解，并善于发表自己的意见。

3.独立感和自由感增强

大学生希望能够独立行事，不受家长和老师的限制。他们倾向于独立思考，对于传统观点和已有结论持怀疑态度，更愿意相信自己的判断。这也使一些学生更喜欢单独行动，不太愿意受到团体和纪律的束缚。

4.自信心增强

大学生充满活力，他们的思维活跃，精力旺盛，并拥有出色的记忆力。这为他们带来了坚定的自信。这种自信是他们积极向前、不断探索的动力来源。但是，由于部分学生在实践和知识面上的局限性，过度的自信有时可能转化为骄傲和自满，使他们不愿意听取他人的意见。

5.自尊心增强

自尊心是个体对自己行为和地位的尊重需求。大学生的学识和经历使他们产生了强烈的自尊需求。他们希望得到社会和他人的尊重。但是，一些学生过于强调自尊，可能导致虚荣和嫉妒，影响他们的人际关系和自我成长。

（二）大学生的情绪和情感

情绪和情感是人对外界事物的主观体验和反应，它们反映着人们对客观现实的特定态度和反应方式。情绪往往与人的基本生理需求（如饮食、睡眠等）有关，情感则与人的社交需求相联系。与情绪相比，情感更为丰富和深沉，它具有持续性、稳定性、深度和内在性。情感很少受到瞬时冲动的影响。例如，荣誉感、责任感、义务感、良知和羞耻都可以归入情感的范畴。情绪和情感都是人类心理领域中重要的组成部分，是人们心理生活中最常见且最复杂的内容。特别是对于大学生来说，情绪和情感在他们塑造理想、信仰、世界观和人生观的过程中以及在他们完成学业的旅程中，都具有十分重要的作用。

大学生的情绪和情感往往具有丰富而多变的特点。他们在情绪上的反应可能会随着时间和经历出现显著的波动，他们时而充满雄心壮志，对未来充满期待和憧憬；时而又陷入情绪的低谷，对自己和周围的事物持有负面或悲观的看法。大学生的情感世界也十分丰富，他们的情感不仅更为深沉，而且范围也更加广泛，无论是对集体主义的情感、对国家的深厚情怀、对责任的承担、对道德的追求，还是对两性的情感、对良知的坚守、对美好事物的欣赏、对荣誉的追求，这些情感都呈现出向更高的广度和深度发展的趋势。

（三）大学生的个性发展

经过了青年期的社会化过程，大学生的个性发展逐渐趋于成熟。他们的内心充满对未来的憧憬，抱有各种层次的理想与期望。这种充沛的精力与广泛的兴趣驱使他们跃跃欲试，探索科学的每一个角落，他们在选择学术或职业道路时更是表现出鲜明的方向性。随着时间的推移，他们在挑战与磨炼中，意志品质得到锤炼和提升，个性日趋稳固，性格开始成型并走向稳定。在对待生活的态度上，他们的人生观逐渐坚定，对自然与社会的种种现象也逐步形成了系统的认知。当谈到国家与民族时，大学生满怀热情，他们对祖国怀有深厚的情感，期盼振兴中华，勇于提出与实践改革建议。然而，由于大学生在社会实践中的经验相对有限，他们在面对某些问题时的观点可能稍显单纯，有时可能会对某些改革或目标抱有过高或过急的期待。这也使部分人在面对现实与理想的落差时，可能出现悲观或消极的情绪反应。但总体来看，大学生是充满活力、希望与变革力量的群体。

（四）大学生的认识能力

在青年时期，大学生的认识能力一般会得到显著的提升。他们会对外部世界展现出一种更为敏锐、全面、深入和准确的认知。这种心智进步体现在他们的观察力上，他们能够进行细致、专注和持久的观察，并从中总结和提炼信息。记忆方面，他们更注重对信息的深入理解和长效存储，使意义性的记忆变得至关重要。

想象力在这一阶段也能够得到丰富的展现。大学生对未来抱有各种梦想和期望，这些想象往往与他们的兴趣、热情和职业志向紧密相连。抽象和逻辑思维的形成，使他们更加理性地去分析和处理问题。这种思维的独立性和批判性的明显增强，使他们在面对问题或争论时，能够脱离固有的认知框架，敢于提出新问题、表达个人见解、大胆质疑和尝试新方法。然而，由于大学生尚缺乏深入的生活体验，他们有时会表现出过分的自信和固执。这种倾向可能使他们难以接受不同的意见，甚至在一时的冲动下过于绝对地看待事物或者容易走向极端。这种认识过程中的片面性、肤浅性和盲从性是他们在知识和经验积累中需要注意和克服的。

三、对大学生生理和心理特征的总体分析

从整体来看，在生理层面，大学生的神经系统功能早已达到优越的

状态，心肺功能表现得相当完善，生殖系统已经发育至成熟阶段，运动系统也呈现稳定的发展轨迹，然而由于各种因素（如地域、个体以及性别的差异）的影响，这一阶段的运动素质并没有均匀地得到发展。在心理层面，大学阶段无疑是一个人个性塑造的重要时期，这一阶段的大学生自我意识逐渐凸显，理性思维逐步增强，情感体验更为丰富多彩，对于两性的意识更加明确，智力方面也达到了一个相对高峰。从社会学的视角来看，大学生在社会化进程中，已经基本具备进行社会交往和参与各种社会活动的能力。

考虑到上述各个方面的特点，在对大学生进行体育教育时，教育者应当重视以下几个方面的问题。

第一，根据学生的兴趣和身体状况，设置具有一定强度的体育活动。兴趣是学生的第一任老师，教育者需要深入了解学生的兴趣，提供多元化的体育项目，使学生在感兴趣的项目中尽情发挥，享受运动的快乐。大学生的身体状况差异较大，有的身体素质较好，适应性强，而有的可能由于长时间的学业压力和久坐，身体适应性较差。为确保学生的安全，教育者在设置体育活动时，必须充分考虑学生的身体状况，为学生量身定制合适强度的锻炼。这样的锻炼既能保证学生在运动中不受伤，又能确保他们得到有效的锻炼。在体育教育中，不足的锻炼强度可能不会带来明显的身体效果，过大的锻炼强度则可能导致学生受伤。这需要教育者有丰富的经验和观察力，对学生的体质、锻炼习惯、技术水平等进行综合评估，制订出既有挑战性又符合学生身体状况的训练计划。

第二，提供多样化的锻炼内容。大学生的兴趣广泛，爱好各异，每个人都拥有独特的体验和体育追求。因此，对于这一特定年龄段的人群来说，体育锻炼不仅是简单的身体练习，更是情感、兴趣与生活方式的体现。为确保大学生能够积极参与并持续坚持身体锻炼，教育者需要为学生提供多样化的锻炼内容。体育锻炼的多样化不仅体现在运动项目的选择上，还涉及锻炼方法、时长、强度以及环境等方面的变化。考虑到个体的差异性，锻炼内容的设置需要基于每个人的实际能力和条件，充分满足他们的需求。例如，喜欢群体活动的人可能更倾向于参加篮球或足球比赛，而喜欢独自沉思或冥想的人可能更喜欢静心的瑜伽或太极。因此，教育者要为学生提供切实可行的锻炼内容，让他们从中找到乐趣，培养坚持锻炼的习惯，并为增强身体健康打下坚实的基础。

第三，与专业和职业发展相契合。考虑到各种专业的学习差异，健康体育的发展应当与学生的专业及其未来职业需求相结合。学生应该掌握与其未来职业紧密相关的体育知识、手段和方法。例如，一位想成为建筑师的学生，他需要具备一定的体力和耐力；一名想成为舞蹈家的学生则需要更多的柔韧性和协调性。因此，除了基本的体育知识，大学生还应该掌握一些与其职业特征相符的运动技能，这些技能不仅可以帮助他们在职业生涯中取得更好的成绩，还可以提高他们的工作效率和职业满意度。大学体育锻炼还应该强调提高学生对外部环境的适应能力和抵抗力，无论是面对工作中的压力，还是应对各种不可预测的环境因素，拥有良好的身体素质都是非常有益的。

第二节　高校排球教学目标与内容

排球运动是一项集团队合作、协同作战与个人技能于一体的运动，是高校体育教学的重要体育教学项目之一。高校排球教学的目标不仅是锻炼学生的身体，还包括培养学生的团队合作精神和策略思维。在高校排球课程上，教师需要传授学生排球运动的理论知识，引导学生掌握必要的排球技术与战术，培养学生良好的道德品质，促进学生全面发展。

一、高校排球教学的目标

高校排球教学旨在通过传授基本的排球技能和策略，激发学生对排球运动的热爱之情，培育学生的团队精神，锻炼其身体素质，增强自信和毅力，进而促进我国排球事业的长远发展。

（一）促进学生身心健康发展

高校排球教学应以增强学生体质、增进学生健康、促进学生身心健康发展为基本目标。排球运动是一项高强度的运动，可以有效地锻炼学生的耐力、速度、力量和协调性。长期参与排球训练和比赛，对增强学生的身体素质和提高免疫力都有显著效果。从身体健康的角度来说，排球运动需要学生全身各个部位都参与进来，无论是腿部的移动、手部的击球，还是身体的灵活转动，都能使学生的大多数肌肉群得到锻炼。这种全身性的运动有助于增强心肺功能，提高身体的耐力和协调性。长期参与排球训练可以有效地增强学生的免疫系统，减少生病的机会，使学生拥有一个更为强健的体魄。从心理健康的角度来说，排球教学对学生的好处同样显而易见。排球运动作为团队运动，要求学生之间相互配合，这样的互动有助于培养他们的团队精神和合作意识。在比赛中，胜利和失败并存，学生通过体验胜败得失，学会调整心态，增强抗压能力。每当学生在场上成功完成一个动作或是帮助团队赢得比赛时，他们都会获得成就感，这不仅能增强自信，还能为学生在未来面对生活和学业中的各种挑战提供动力。

为有效实现这一目标，高校教师在进行排球教学时应与学生充分沟通，了解他们的兴趣和需求，确保他们对排球运动产生持续的热情。对于初学者，教师要注重学生基础技能的培养，并逐步增加训练难度，确保学生在体验挑战的同时，能获得一定的成就感。对于有一定基础的学生，教师则可以通过组织各种比赛和活动，进一步提高他们的竞技水平和团队协作能力。

（二）培养学生的兴趣与爱好

对于许多学生来说，排球运动可能是他们大学生活中的一种新体验。

通过排球教学，他们可能会发现自己对这项运动的热爱，甚至有可能在此基础上发展成为业余或职业球员。排球运动是一项集体运动，当学生深入参与并亲身体验团队合作的乐趣时，他们就更容易产生对排球运动的兴趣。因此，高校排球教学应尽量营造轻松、积极的学习环境，让每个学生都能体验到排球运动的乐趣，并从中找到自己的位置。每个学生的体质和体验都是不同的，因此在教学中，教师应根据学生的个体差异因材施教，对于那些在体育上有天赋的学生，教师可以为他们提供更高级别的训练和竞赛机会，让他们能够在排球运动上发掘自己的潜能；而对于初学者或者技能稍微薄弱的学生，教师应该采用更有趣、更富有创意的教学方法，帮助他们克服初始的挑战和困难，从而激发他们的兴趣。

培养学生的爱好不仅仅是让他们掌握技能，更重要的是要培养他们的体育精神和团队意识。在比赛中，赢得比赛固然重要，但更重要的是如何面对失败、如何与队友合作、如何在压力下调整心态，这些都是生活中非常宝贵的经验和教训。通过排球教学，学生不仅可以培养出对排球运动的兴趣，还可以从中学到许多宝贵的人生经验和道德观念。

（三）培养学生良好的思想品质

培养学生良好的思想品质也是高校体育教学追求的目标之一。通过排球运动这一体育项目，高校可以为学生提供一个全面的人生修炼和品质锤炼的平台，不仅能够使学生提高自身的体育技能，还能够让学生在思想品质上得到升华和完善。

团队合作是排球运动中不可或缺的一部分，它要求学生学会为集体利益放下个人的私心私欲，学会为队友着想，学会牺牲小我成就大我。这在很大程度上是对学生道德品质的教育，让学生理解和体会什么是团结、互助和奉献。在这个过程中，学生会形成对集体利益的尊重和维护以及对团队精神的崇尚，这是对他们思想品质的塑造与影响。排球比赛中充满了竞技挑战，学生可能会遇到比自己更为强大的对手或者面临失误、失败的瞬间，如何在这些情境下保持冷静、坚韧不拔的态度，如何面对失败和挫折，如何从中吸取教训、继续前进，这些都是对学生思想品质的考验和锤炼。他们会懂得，成功与失败都是人生的组成部分，关键是如何正视它们，如何从中学习和成长。排球教学中也会涉及自我管理和自我约束的能力培养，学生需要学会如何制订合理的训练计划、如何根据自身的身体状况进行适量的锻炼、如何在生活中坚持规律和纪律，这些都是对他们自律性和责任感的培养。因此，高校排球教学并不仅仅是教会学生某种技术，更多的是对学生思想品质的影响与塑造。

（四）培养学生终身体育的观念

在现代社会中，人们越来越重视健康的生活方式和体育锻炼，而高校排球教学目标之一——培养学生终身体育的观念，正是响应这一社会发展趋势的具体体现。这一目标不仅仅是希望学生在大学期间参与排球运动，更重要的是让学生认识到体育锻炼的长远意义，并将其融入日常生活中，成为生活的一部分。培养学生终身体育的观念实际上是让学生理解，体育锻炼并不仅仅是为了取得比赛的胜利或达到某个短期的目标，而是为了维护和提高自身的健康，为了能够在未来的生活中拥有健康、充满活力的身体。这种理念是对传统的“胜者为王”体育观念的批判和超越，强调的是运动的过程和体验，而不是结果和荣誉。

排球运动作为一项集体运动，它的魅力在于团队合作、竞技刺激以及全身参与的运动体验。学生在排球课程中体验到这些乐趣时，他们更容易对体育锻炼产生持久的兴趣。教练员和教师可以引导学生认识到，排球运动只是众多体育项目中的一种，关键是找到自己喜欢的、适合自己的运动方式，并持续地、规律地进行。通过排球教学，学生应认识到运动的重要性，并形成终身参与体育活动的习惯，这有助于他们在未来的生活中维持健康的生活方式。高校排球教学还可以通过实际的课程设计和教学方法来强化终身体育的观念，如引入跨学科的知识（如运动生理学、运动心理学等）让学生了解运动对身体和心理的益处，组织一些体验式的教学活动（如户外排球比赛、与社区居民的交流活动等）让学生在实践中体验到运动的乐趣。总之，高校排球教学的目标之一是希望通过具体的课程内容和教学方法，让学生认识到体育锻炼的重要性，培养他们终身参与体育运动的习惯和观念，从而使他们在未来拥有健康、积极的生活方式。

（五）促进我国排球运动的发展

高校排球教学承担着促进我国排球运动发展的重要使命。在深化学生对排球技能的了解和掌握的过程中，高校排球教学也是对我国排球运动传统和技术的传承。每一名学生都是在前人的基础上进行学习和训练，不断完善和进步，这种持续的技术积累使我国的排球技术可以得到迭代和升华。高校排球教学也是我国排球运动与国际接轨的一个窗口，随着国际交流的加强，许多高校都会邀请外国教练来进行教学或与国外的学校进行交流比赛，这使学生有机会接触到国外的先进技术和战术，有助于提高我国排球运动的国际竞争力。在实际的教学过程中，通过竞技比赛、技术研讨等方式，学生能够不断地挖掘排球运动的深层魅力，这也能够在一定程度上激发他们对排球运动的热情和参与度。随着时间的推移，这种热情会转化为对排球事业的执着追求，进而涌现出一批批优秀的排球运动人才，成为我国排球运动发展的中坚力量。

二、高校排球教学的内容

高校排球是一门旨在培养学生全面素质的课程。在这一过程中，教师不仅要让学生熟悉和掌握排球的基本技能，还要通过体育实践来培育学生的身心健康、团队协作精神和对体育的热爱。

（一）排球运动的理论知识

在高校排球教学中，理论知识是开展实践活动的基础。排球运动的理论知识主要包括排球运动国内外发展概况、竞赛与裁判、排球文化和历史、技术与战术理论、健康与伤害预防等。

1.排球运动国内外发展概况

在高校排球课程中，教师需要为学生讲授排球运动从起源至今的发展路径，包括排球运动在美国的诞生、在欧洲和亚洲以及其他地区的传播、在奥运会和世界锦标赛中的历史、我国在排球领域取得的重大成就和面临的挑战等。学生通过学习这些内容，不仅可以了解到排球运动在国内的发展历程，还可以领略到它在国际舞台上的风采。通过了解排球运动的历史和它的全球影响力，学生可以更好地理解这项运动的文化和传统价值，从而产生更深厚的情感联系。了解国际排球运动的高水平发展也可以为学生提供一个学习和努力的方向，使他们明白自己所追求的是一个具有世界意义的运动目标。

对于教师而言，他们应该充分挖掘排球运动发展概况中的有趣故事和背后的文化内涵，使教学内容更加生动有趣。教师可以通过视频、图片、实物等多种教学手段，生动展现排球运动从过去到现在的发展轨迹。教师还应该鼓励学生进行小组讨论和研究，探究排球运动历史中的某一段时间或某一事件，这样可以培养学生的探究能力和团队合作精神。

2.竞赛与裁判

竞赛与裁判是排球运动中两个不可或缺的要素。竞赛指的是两支队伍按照既定的规则在球场上进行的对抗比赛，它体现了运动的竞技性和观赏性。裁判则是比赛中的公正第三方，负责确保双方队伍遵循规则，公平对待，同时给予违规的行为相应的处罚。

在排球教学中讲授竞赛与裁判的知识极为重要，这是因为只有了解了竞赛的规则和裁判的决策机制，学生才能更好地在场上发挥，更加明确比赛的目标。对裁判决策的了解能够培养学生的公平竞技观念，让他们知道在场上应遵循的道德底线，并在比赛中展现体育精神。

教师在教授这一部分内容时，应当从实际比赛中的典型案例入手，详细解析每一种违规行为及其对应的处罚，使学生能够从实际情境中理解规则的意义。教师可以邀请有经验的裁判来讲座，分享他们的裁判经验和对比赛的理解，让学生从裁判的角度看待比赛，更加全面地了解竞赛的内在机制。为了加深学生的理解，教师还可以组织模拟比赛，让学生自己担任裁判，体验裁判的角色，这样学生不仅可以亲身体验裁判的工作，还能更好地理解比赛规则和裁判的决策过程。

3. 排球文化和历史

排球文化和历史是排球运动在漫长的发展过程中积累的经验、传统和价值观念，反映了排球运动如何从起初的简单娱乐活动逐渐演变成深受欢迎的正式体育项目。排球运动的历史脉络中不仅融入了技术、战术的变革，还涵盖了与时俱进的体育精神和对竞技体育价值的追求。

在排球教学中讲授排球文化和历史有助于培养学生的整体理解和深厚的情感基础。了解排球文化和历史可以让学生更好地理解这项运动背后的意义，明白排球运动不仅是场上的竞技，还是一种文化和精神的传承。了解这部分内容也有助于学生明白排球运动的演变过程，从而更加珍惜和尊重现代排球运动赋予他们的机会。

教师在传授排球文化和历史时，可以结合影像资料（如经典比赛片段、历史性的瞬间）使内容更加生动形象，也可以通过讲述排球运动中的杰出运动员、教练或重大赛事的背景故事，将历史与现实相结合，引发学生的共鸣。教师可以设计有关排球文化和历史的主题研讨或座谈，邀请体育史学家、前运动员或资深教练来分享他们的见解和经验，这样的活动能为学生提供一个更广阔的视野，了解排球运动在不同时期的特点和价值。

总之，排球文化和历史是排球运动的灵魂，它为这项运动赋予了深厚的内涵。教师在教学中应当创造性地将这部分内容与实际操作结合起来，使学生能够全面地理解并珍惜排球这项运动。

4. 技术与战术理论

在高校排球教学中，技术主要关注个体的技能，如发球、接发球、扣球、拦网等；而战术更侧重于团队合作，包括如何进行进攻和防守、如何利用对手的弱点、如何在关键时刻制定策略等。

在排球教学中，仅有实践是不够的。对技术与战术理论的深入理解不仅有助于学生更准确地执行动作，还能帮助他们明白为何这样做，并在比赛中做出更明智的决策。实际上，一个优秀的排球选手，除了拥有出色的技能，还必须具备丰富的战术知识和临场判断力。教师在传授技术与战术理论时，应注重理论与实践的结合。例如，教师可以先讲述一个技术的原理，然后展示实际动作，接着让学生模仿并进行练习；在战术方面，教师可以通过模拟比赛，让学生在实战中感受和实践所学的战术知识。教师还可以利用多媒体工具（如视频分析软件）帮助学生更直观地理解技术细节和战术布局，通过对比和分析世界级选手的比赛片段，学生可以更直观地了解高水平的技术动作和战术布局。也就是说，教师在教学中应充分利用各种教育资源，创造真实的学习环境，让学生深入理解和掌握这一内容。

5. 健康与伤害预防

排球运动是一项能够调动身体各部位参与的运动。每当球员投身激烈的对抗和高难度的动作中，伤害的风险随之而来。而为确保球员的身体健康和职业生涯的延续，对这些风险的了解和预防显得尤为关键。在高校排球教学中，健康与伤害预防主要涉及对运动中可能出现的风险因素的识别以及如何避免这些风险从而确保运动员健康的方法，如适当的热身和拉伸、正确的技术指导、运动员的营养和体力恢复、及时的伤害处理和康复等。在高校排球课程中传授健康与伤害预防相关理论知识，可以使学生更加珍视自己的身体，避免盲目和冲动的训练行为，同时帮助学生形成一种持续、健康的运动习惯。教师在教学过程中，不仅要强调健康与伤害预防的重要性，还需结合实际情境（如演示正确的热身拉伸方法）分析常见伤害的成因，并指导学生如何在日常训练和比赛中预防。教师还应该教授学生在受伤后如何做初步处理和判断以及何时寻求专业的医疗帮助。教师可以鼓励学生分享自己的经验和故事，使这部分内容更加贴近实际，更具吸引力。

（二）技能训练与战术学习

技能训练与战术学习是高校排球教学的重要组成部分，通过全面、系统地学习技能与战术，学生可以提高在比赛中的表现，获得一定的团队协作和战略思考能力。

1.技能训练

在高校的排球课程中，教师可以通过加强技能训练，帮助学生掌握排球运动的基本动作和技巧，从而在实际比赛中自如应用。排球运动是需要高度协调性和爆发力的一项运动，技能训练涉及排球运动的各种基础技术，如发球、接发球、传球、扣球和挡球等。发球是比赛的起始技术，可以是正手发球或跳发，其目标是使对方难以接应或直接得分。接发球要求学生稳定地接住对方的发球，为下一步的进攻做好准备。传球是连接队员之间的关键技术，需要确保传递准确，以便扣球手进行进攻。扣球是比赛中的进攻技术，要求速度、力量和准确性。挡球是防守的重要技术，旨在阻止对方的进攻，并尝试直接得分。在教学过程中，教师的任务是确保学生能够正确、有效地掌握每一种技术，这需要教师对每一种技术都有深入的理解和丰富的实践经验。教师可以通过示范、解释和实践指导来传授这些技术。例如，在教授发球时，教师可以展示正确的站位、握球方式和发球动作，然后解释动作的关键点和常见错误，学生可以在教师的指导下进行实践，不断调整和完善自己的技术。

跑、跳、耐力等方面的体能训练同样很重要，不仅能帮助学生提高比赛表现，还能有效预防运动伤害。为了打好排球，运动员不仅需要有强壮的手臂进行发球和扣球，还需要有快速的脚步移动到合适的位置，需要有足够的耐力在比赛中保持最佳状态，需要有良好的柔韧性避免受伤，还需要良好的协调性确保整体动作的流畅度。因此，教师在教学中应该强调基础体能的重要性。例如，教师可以通过跑步和有氧运动训练，增强学生的心肺功能；通过深蹲和俯卧撑等训练来增强学生下肢和上体的力量；通过拉伸练习提高学生的柔韧性。在实际教学中，教师可以同时加强技能和体能训练，如在教授扣球技术时，教师可以让学生先进行几轮深蹲来激活和强化腿部肌肉，然后进行扣球练习，这样学生不仅能够理解扣球的技术要领，还能感受到强健体魄带来的自信和动力。

2.战术学习

在高校排球课上，教师不仅要让学生掌握必要的技能，还需要让学生理解排球运动的团队战术，包括如何与队友合作、如何根据对手的策略调整自己的战术布局以及如何在关键时刻作出判断和决策。在比赛中，了解对方的策略并制定有效的应对措施是取胜的关键，因此学生需要学会观察和判断对方的布局，了解对方的弱点和优势，从而做出迅速的决策。例如，面对一个防守严密的队伍，快速传球或变换进攻节奏可能更为有效；面对一个进攻型的队伍，强化防守并利用对方的失误进行反击可能是一个好策略。教师在战术教学中，应引导学生进行模拟比赛，让学生在实际比赛中体验和实践战术。通过视频回放，教师可以与学生一同分析比赛，指出在某个时刻应该采取的最佳策略，并讨论其他可能的策略选择，这不仅可以培养学生的战术意识，还能提高其决策能力和团队合作精神。除了比赛策略，战术学习还包括如何调整心态、面对不利局面时如何稳定情绪、如何与队友沟通以及如何根据比赛节奏进行自我调整。教师应鼓励学生在比赛中保持冷静，分析局势，并与队友有效沟通，确保团队整体运作流畅。

（三）道德品质与素养教育

在高校排球教学中，培养道德品质与素养教育也是比较重要的内容。在比赛中，公平竞技是每一位运动员都应遵守的原则，教师需要让学生深刻理解赢得比赛的满足感来自公平的竞技，而非任何不正当手段。当面对裁判的决定时，即使有异议，学生也应保持冷静，尊重对方，不进行过激的抗议。团队合作是排球运动的核心，球员间要建立深厚的信任关系，相互鼓励，共同面对比赛中的困难。在这一过程中，教师应引导学生认识到每一位队员的重要性，学会珍惜队友，尊重对手，这样才能在场上建立无可替代的团队精神。比赛中不可避免地会出现失误，在这种情境下，教师需要培养学生的抗挫折能力，让他们明白每一个失误都是进步的起点，通过不断的努力和修正，才能走向成功。学生还应学会宽容，不因为队友的失误而责怪，反而应提供支持和鼓励，共同努力。

为了实现上述目标，教师可以组织各种团队活动，促进学生之间的交流和沟通。通过组队比赛，教师可以观察学生在比赛中的表现，及时进行指导，确保学生在比赛中能够真正体现出良好的道德品质与素养。

第三节　高校排球教学意义与原则

高校排球教学的意义远远超出了单纯的技能训练的范畴，它在培养学生的团队精神、创新思维以及健康生活方式等多方面都具有积极的作用。而教师在这一过程中，应始终坚持以学生为主体、循序渐进、安全为前提的教学原则，确保教学活动的顺利进行，最大限度地发挥排球运动的育人效果。

一、高校排球教学的意义

排球教学在高校体育教学中占据着重要的位置。排球教学不仅可以提高学生的排球技能，还可以培养学生的团队合作精神、促进学生的身体健康、提高学生的反应能力和协调性。排球教学还可以丰富学生的课余生活，增加校园的活力。具体来看，高校排球教学的意义主要包括以下几点。

（一）提高学生的排球技能

在体能上，排球运动是一项对速度、力量、协调性和耐力等多种身体素质都有要求的运动。学生通过排球技能的学习和实践，能够全面锻炼身体，提高身体机能，为日后的生活和工作打下坚实的基础。

高校排球教学的本质目标就是提高学生的排球技能，使他们在球场上能够更好地展现自己。这样的目标建立在专业的教学方法、丰富的实践经验和合理的教学内容之上。高校的体育课程具有系统性和专业性，结构化的课程设置能够使学生从基本技能入手，逐步掌握复杂的技巧，保证了学生的学习进度和技能的连贯性。大学体育教师往往具有更高的教育背景和教学经验，他们能够准确识别学生的技能短板，为他们提供针对性的指导和反馈。因此，教师要深入了解每一个学生的技能水平和特点，为学生提供更加个性化的指导，并注重实践与反馈相结合。通过不断地进行实际操作，学生可以更直观地掌握排球技能；而及时的反馈可以帮助学生发现并纠正他们在实践中的错误，引导他们不断进步。

（二）培养学生的团队合作精神

在排球比赛中，无论是进攻还是防守，每一个球员的位置、动作与判断都直接影响着整个团队的表现。这种依赖性使学生必须学会如何与队友沟通、协作以及如何在关键时刻承担责任。在这个过程中，学生会体验到个人与团队利益之间的关系，学习到如何为了团队的整体利益放弃私利，从而深入体验并培养团队合作精神。

为了更好地培养学生的团队合作精神，在高校排球课上，教师可以通过角色扮演、团队讨论等方式，教导学生如何与队友有效沟通，如何在比赛中快速传达信息与意图。除了正常的排球训练与比赛，教师还可以组织一些团队建设活动（如团队破冰游戏、集体出游等）来增强团队的凝聚力。

（三）促进学生的身体健康

排球运动结合了力量、速度、灵活性和耐力训练，它能有效地锻炼学生的上下肢和核心肌群，从而促进身体健康。在动态的比赛中，学生在追逐、跳跃、扣杀等动作中得到了全面的身体锻炼，这不仅有助于增强肌肉和骨骼的健康，还能提高心肺功能。排球运动作为团队运动，学生在比赛中会经常处于高度集中的状态，这有助于锻炼他们的心理素质，提高应对压力的能力。定期的锻炼也可以释放压力，提高学生的情绪状态，使他们在学习和生活中更加乐观积极。

为了更好地促进学生的身体健康，在高校排球教学中，教师不仅要提高学生的排球技能，还应根据学生的身体状况和运动能力设置合适的训练强度，确保学生在不过度疲劳的情况下得到锻炼。

（四）提高学生的反应能力和协调性

高校排球教学不仅是为了教授学生排球技术和规则，它还是一个综合性的体育锻炼过程，能够显著地提高学生的反应能力和协调性。排球运动作为一项需要迅速判断和即时响应的运动，要求球员在短时间内做出准确的决策并迅速执行相应的动作，这种高强度的交互运动锻炼了学生的反应速度。排球运动中的各种动作（如扣杀、传球、拦网等）都需要身体各部位的高度协同合作，能够培养和提高学生的身体协调性。

为确保学生通过排球教学有效提高反应能力和协调性，教师应当注重基础动作的训练，确保学生掌握正确的基础动作技巧，为后续的高强度训练和比赛打下坚实的基础。教师可以设置一些互动性强的训练活动，鼓励学生主动思考和参与，培养学生在不断变化的比赛环境中迅速做出反应。在教学过程中，教师应实时给予学生反馈，纠正学生的错误动作，帮助学生更好地理解如何在动态环境中调整自己的策略和动作。

（五）丰富学生的课余生活

排球运动凭借其团队合作的特性和比赛的激烈性，极大地吸引了学生的兴趣和参与热情。通过参与排球活动，学生可以暂时放下学业的压力，与其他同学共同体验比赛的激情和团队的合作，从而使课余生活更为充实和有意义。因此，教师可以定期组织友谊赛，在检验学生学习成果的同时，为学生提供一个展示自己、感受团队合作乐趣的机会。教师要鼓励学生参与校园排球赛事（如学院间的比赛、校级联赛等），鼓励有兴趣的学生加入排球社团，组织定期的活动和交流，为学生创造一个轻松、有趣的学习环境，使学生在忙碌的学业之余，有机会参与到这种充满活力和激情的运动中，从而使课余生活更加丰富多彩。

二、高校排球教学的原则

高校排球教学的原则主要包括学生主体原则、循序渐进原则、科学负荷原则、安全教学原则、全面发展原则等。

（一）学生主体原则

学生主体原则是教育和教学过程中的核心理念，强调将学生置于学习的中心位置，确保教育过程符合学生的需求、兴趣和潜能。

学生主体原则的核心指出，每一位学生都是独特的，拥有自己的学习方式、速度和兴趣。与传统的“填鸭式”教育方式相比，学生主体原则更强调对学生的个性化关注和指导。当学生成为学习的主体时，他们更容易对学习产生兴趣和热情，进而更加主动地参与学习过程，这无疑将推动他们更好地掌握知识和技能。过去的教育往往以教师为中心，学生往往处于被动接受的状态，这种模式忽视了学生的真实需求和兴趣。

而当教育过程更加关注学生，为学生提供更多的选择和参与机会时，学生会更加投入，学习效果也会更好。学生主体原则也有助于培养学生的批判性思维、解决问题的能力和创造性，为他们未来的发展奠定坚实的基础。

因此，在高校排球教学中，教师应尊重学生主体地位，与学生进行充分的沟通和交流，了解学生对排球运动的认知水平、学习兴趣和期望，以便为他们提供合适的教学内容和方式。教师要鼓励学生独立思考、主动探索，帮助他们建立自主学习的习惯和方法。例如，教师可以为学生提供一些额外的学习资源和任务，鼓励学生在课外进行自我学习和提高。

（二）循序渐进原则

循序渐进原则要求教学应该按照一定的次序和步骤进行，从简单到复杂，从基础到深入，确保学生能够逐步掌握和理解所学的内容。

排球运动作为一项技术和战术都较为复杂的团队运动，涉及多种技巧和策略。如果教师一开始就向学生展示复杂的动作或策略，学生可能会感到困惑和挫败，从而失去学习的兴趣和动力。相反，教师如果按照循序渐进的方式进行教学，可以确保学生在每一步都有所收获和进步，增强学生的自信心和学习的积极性。

在课程开始时，教师可以先教授学生排球的基础动作和规则（如正手传球、扣球和发球等），待学生掌握这些基础内容后，再逐渐介绍更为复杂的技术和战术。在实际教学中，教师应确保每一课的内容都建立在前一课的基础上，层次分明、逐渐深入。例如，学生在学习正手传球后，可以开始学习如何进行快攻和组织进攻。排球教学过程应符合排球运动发展规律，训练的时间和训练量应逐步提高。教师应注意学生的学习进度和反馈，确保学生在每一步都有所收获。如果学生在某一环节遇到困难，教师应及时提供帮助和指导，确保学生能够掌握所学的内容。

（三）科学负荷原则

科学负荷原则强调教学和训练的强度、频率和时长都应该基于学生的身体和心理承受能力，确保学生在安全的环境下进行有效的学习和训练。

排球运动是一项需要强大的身体和心理素质参与的运动。不恰当的训练强度（无论是过弱还是过强）都可能导致学生的身心健康受到威胁。过弱的训练难以激发学生的学习兴趣和动力，而过强的训练可能导致学生的过度疲劳、受伤甚至心理压力过大。因此，教师应了解学生的身体状况和运动经验，针对不同的学生群体制订合适的训练计划，确保每个学生都能在适当的强度下进行训练。在教学过程中，教师应注意观察学生的反应，根据学生的体能和反馈适时调整训练的内容和强度，如果发现学生出现呼吸急促、面色苍白等疲劳迹象，应立即减少训练强度或让学生进行休息。教师还应与学生进行有效的沟通，了解学生的感受和需求，鼓励学生在感到不适时主动表达，这样教师可以更好地根据学生的实际情况调整教学计划。除了关注身体状况，教师还应考虑学生的心理状态，避免给予过多的压力，确保学生在轻松愉悦的氛围中进行学习。

（四）安全教学原则

安全教学原则强调在任何教学活动中，学生的身体和心理安全都应被视为首要和不可妥协的任务。确保学生的安全不仅是教师的职责，也是教学活动能够持续并取得预期效果的前提。排球运动本身涉及大量的身体接触、快速移动和强烈的体能消耗，如果不注意安全，学生可能会面临受伤的风险。意外的出现不仅会影响学生的健康和学习，还可能对整个教学活动和教师的声誉带来负面影响。因此，教师应确保教学环境的安全，检查场地上是否有可能导致跌倒的障碍物，确保排球设备完好无损，并提前了解学生的健康状况，避免让身体不适的学生参与高强度的活动。在教学初期，教师应重点教授一些基本的安全技能和规则，如如何正确地摔倒以避免受伤、何时应该避免与其他球员的碰撞等。教师应鼓励学生在运动中始终保持清醒的头脑，不要因为过于投入比赛而忽视了自身或他人的安全。在教学过程中，教师应随时观察学生的状态，及时发现并纠正可能导致受伤的不良动作。教师还应加强与学生的沟通，鼓励学生在感到不适或发现安全隐患时及时提出，使排球运动成为学生真正喜欢并长期坚持的运动。

（五）全面发展原则

全面发展原则是指在教学活动中教师不仅要关注学生某一方面的能力或技能，还要确保学生在身体、心理、道德和社交等多个方面都得到均衡和全方位的发展。

在高校排球教学中，排球运动不仅是一项体育运动，它还涉及团队合作、沟通、战略思考和情绪管理等多方面的能力。全面发展原则可以确保学生不仅学会排球技巧，还能在团队协作、沟通能力和心理素质等方面得到锻炼。因此，教师应确保教学内容不仅限于技术和策略。例如，教师可以设计一些训练活动，鼓励学生之间的沟通和合作；也可以开展一些心理训练，帮助学生面对比赛中的压力。教师应注意观察和引导学生的情感和心态，如在团队输掉比赛后，教师可以和学生一起分析原因，帮助学生从失败中吸取教训，而不是只关注比分。教师也可以组织一些与排球运动相关的社交活动（如观看专业比赛、组织座谈会等），让学生在这些活动中学习到更多排球以外的知识和技能。在教学中，教师还应注意培养学生的创新思维和独立思考能力，鼓励学生提出自己的观点和策略。

第四节　高校排球教学模式与方法

一、高校排球教学模式

教学模式是指在教学过程中，根据教育教学的目标、内容和特点，形成的稳定的、有特定功能的教学组织形式和教学方法的有机结合。教学模式是教育者为实现特定的教育目标，在特定的教育环境下，根据学科特性、学生差异、教育资源等因素，采纳的一种或多种教学方法、技术、手段和策略的综合体现。简而言之，教学模式是为了更好地完成教育目标而对教学内容、方法、手段和组织形式等进行的优化组合。教学模式体现了对教育和教学过程的深入理解和科学管理，是教学理论与实践相结合的产物。

高校排球作为一门集团队合作、策略应用和技能培训于一体的课程，其教学模式的选择和应用显得尤为重要。传统的教学模式已经不能满足当下学生的多元需求和现代教育理念，因此对高校排球教学模式的探索和创新成了教育工作者和学者关注的焦点。

（一）常见的高校排球教学模式

高校排球教学是大学体育教育的重要组成部分，承担着培养学生体育技能、促进身心健康和加强团队合作能力等多重任务。在不同的教学环境、目标和资源下，教育者采用了各种教学模式，旨在更有效地传授知识和技能，激发学生的兴趣和热情。这些教学模式各有特点，反映了教育的多样性和丰富性。

1.学导式教学模式

学导式教学模式是以操作条件反射理论（刺激—反应）和程序教学思想（反馈控制与强化）为理论基础，融合以人为本的现代教育思想（学生主体），遵循运动技术和战术的程序性适应原理建构起来的一种教学模式。[1] 学导式教学模式是一种将学生置于教学活动中心，强调学生的主体地位和自主性的教学方式。不同于传统的以教师为中心的教学模式，学导式教学模式鼓励学生通过自主探索、合作学习和反思来获得知识。

学导式教学模式注重教师在关键环节的引导作用。在此模式中，教师的首要任务是设计教学背景，为学生布置学习任务，并提出思考性问题。这一步的目的是激发学生的求知欲，使学生自主学习、主动探索并深入思考。随着教学的深入，教师应逐渐培养学生对学习的主导意识和能力，确保学生在整个教学过程中都能保持这种主导地位。完成学习任务后，教师需要做好总结评价，确认学生的主动学习和实践能力确实帮助学生提高了学习能力并取得了良好的学习成绩。教师还需对学生进行学法指导，以提高和巩固学生的学习积极性。从这一过程可以看出，教师在学导式教学模式中是学生学习成功的关键外部条件。为了使教学效果更佳，教师还需在解答疑问、释疑解惑时进行精讲。学导式教学模式本身具有很高的适应性，可以灵活应用于各种教学环境和目标中，无论是新课授课、复习巩固、技能训练还是学生评价，该模式都能够通过学生的独立活动，在教师的指导下，充分发挥和开发学生智能，从而成功实现教学目标。

在高校排球教学中应用学导式教学模式，教师应鼓励学生参与到学习过程中，充分发挥学生的自主性。在教学过程中，为了激发学生对排球运动的兴趣，教师可以设置一些真实的或与实际比赛相关的情境（如一次重要的比赛场景或某一技术难题），使学生具有主动学习的欲望。教师可以根据教学内容（如发球、扣球等）提出具体的学习任务和思考问题，如如何在不同的比赛压力下保持稳定的发球、如何有效地配合队友完成进攻等。学生在完成教师布置的任务时，需要自己组织和进行实践，不断尝试、研究和调整技巧，同时和队友交流与讨论。在学生自主探索

① 蔡开疆，郭新斌，宋志强．体育运动与教学指导[M]．天津：天津科学技术出版社，2019：219.

的过程中，教师应随时观察、听取学生的反馈，并在关键时刻给予启发式的提示和指导，而不是直接告诉学生答案。教师要对学生的学习和实践给予及时的评价和建议，肯定学生的努力和进步，指出需要改进的地方，并提供方法和策略。

2. 掌握学习教学模式

掌握学习教学模式（mastery learning）是由教育家本杰明·布鲁姆（Benjamin Bloom）在20世纪70年代提出的一个教学理论。该教学模式的核心观点认为，学生在学习新知识或技能时，应该达到一定的掌握程度，才能进入下一个学习阶段。掌握学习教学模式强调所有学生在给定的时间和支持下，都有能力达到或接近同样的学习目标，不同的是，一些学生可能需要更多的时间和更多的支持。在掌握学习教学模式中，学习目标通常是清晰、具体和可操作的，这为学生提供了一个明确的方向，帮助学生知道自己正在学习什么以及需要达到什么水平。

在高校排球教学中，掌握学习教学模式主要强调学生从被动接受知识向主动探索、实践和掌握知识的转变。因此，教师需要设计具有挑战性的学习任务，鼓励学生通过实际操作和实践来掌握排球运动的技能。例如，教师可以组织学生进行实际的发球和扣球训练，让学生在实践中体验和感受技术的细节，而不是单纯地讲解如何发球或扣球。教师也应该鼓励学生进行自我评价和反思，在每一次实践活动后，学生可以对自己的表现进行分析，找出不足之处，并在之后的训练中加以改进，这不仅能帮助学生更好地掌握技能，还能培养其自主学习和反思的能力。为了确保学生能够真正掌握所学知识，教师还应设计各种形式的评估方法，除了传统的考试和测试，教师还可以组织模拟比赛、技能展示等活动，让学生在真实的比赛环境中展现自己的实际水平，引导学生真正地掌握和运用排球运动的技能和知识。

3. 俱乐部教学模式

俱乐部教学模式通常是指在学校或教育环境中模仿真实世界中的

俱乐部结构和活动，将学生组织成不同的“俱乐部”，让他们在较为宽松、自主的环境中进行学习、交流和实践。这种教学模式鼓励学生的自主性、合作性和实践性，旨在提高学生的学习积极性、主动性和实践能力。

在高校排球教学中，教师可以将学生分为不同的“排球俱乐部”，每个俱乐部都有其独特的目标和任务，如基础技能训练、比赛策略研究或健身训练等。学生可以根据自己的兴趣和需求选择加入相应的俱乐部，这样既满足了学生的个性化需求，又保证了教学的针对性。在排球教学的实践活动中，教师可以组织不同的俱乐部进行友谊赛或内部比赛，这样既能鼓励学生将所学知识应用于实践中，又能培养学生的团队合作精神并积累比赛经验。教师可以邀请外部专家或优秀的学长学姐为学生进行指导和分享，增强学生的学习兴趣和动力。为了促进学生之间的交流与合作，教师可以定期组织俱乐部成员的经验分享会，让学生分享自己的学习心得和经验，相互学习，相互鼓励。教师还可以鼓励学生参与到俱乐部的日常管理（如策划活动、制订训练计划等）中，培养学生的组织协调能力和责任心。

（二）高校排球教学模式的创新及应用

随着社会的进步和教育理念的不断演变，高校排球课程也应不断创新教学模式。面对当代大学生群体的多元化需求和技术的迅猛发展，传统的教学模式已不再满足当下的教育目标。因此，对高校排球教学模式进行创新和应用已成为教育者追求教学卓越的必然选择。

1. 合作学习教学模式

合作学习教学模式是一种学生在小组内通过互助和合作完成学习任务的教学模式。在这种教学模式中，学生相互合作、相互依赖，通过共同讨论、研究和解决问题，达到学习的目的。该模式鼓励每个学生都在学习过程中发挥自己的优势，并与团队成员分享，以增强集体的学习效果。在合作学习教学模式中，学生通常被分为几个小组，每组的学生数量通常为 3 ～ 5 人，组内的学生在完成任务或项目时需要相互合作，每个学生都有自己的责任和角色，团队的成功则取决于每个成员的共同努力。

在高校排球教学中，教师可以通过多种方式应用合作学习教学模式，以增强学生的参与度，提高学习效果，培养团队协作能力。为了使排球技能的教学更为生动和实际，教师可以将学生分成小组，每组成员间存在技能上的差异，高水平的学生可以帮助初学者，这种方式可以让学生在真实的比赛环境中通过互相指导和帮助，更好地理解和掌握技能；教师还可以为每个小组设定特定的学习任务或挑战（如完成一系列的排球动作、策略或比赛模拟），在这个过程中，每个学生都有其独特的角色和责任，如一名学生可能负责发球，另一名学生负责接球，再有一名学生作为观察者提供反馈。除了技能训练，合作学习教学模式也可以用于理论知识的探讨，如教师可以让学生小组探讨不同的排球策略、比赛规则或运动员的身体训练方法，学生可以进行小组讨论，之后向全班分享他们的发现和见解。为了确保学生真正地互相合作，教师需要时刻关注每个小组的互动，如果发现某些学生不参与或某个团队成员的意见被忽视，教师应及时干预，指导学生如何更好地进行团队合作。在整个学期结束时，教师可以组织一场小型的排球比赛，让各个小组展示他们学到的技能和策略，这不仅可以评估学生的学习成果，还可以进一步加强他们的团队合作精神。

2. 快乐体育教学模式

快乐体育教学模式是指以运动为基本手段并采用适宜的教学方法，在发展学生身体的前提下，使学生得到理性的快乐体验，即以快乐心理体验为直接（显性）目标的一种体育教学模式。[①] 在快乐体育教学模式下，

① 马冀贤．体育教学的体系构建与科学训练 [M]. 长春：吉林出版集团股份有限公司，2022：71.

教学内容和方法均围绕学生的兴趣、需求和感受进行设计。教师可以根据学生的实际情况和反馈调整教学策略，注重实践与体验，让学生在活动中感受到快乐、挑战和成就。

在高校排球教学中应用快乐体育教学模式，教师需要通过设计有趣的教学情境（如模拟真实的比赛环境或者引入与排球运动相关的有趣故事和历史）来激发学生的学习兴趣。教师应注重实践与体验，不仅要让学生了解排球运动的技巧和规则，还要鼓励学生多参与、多体验。例如，教师可以通过小规模的友谊赛、技能挑战等，使学生在实践中掌握技能，体验到运动的乐趣。教师可以根据学生的兴趣和需求，引入一些非传统的、趣味性强的排球活动（如沙滩排球、水上排球等），使教学更具变化和新鲜感。对于学生在排球学习中的每一个进步，教师都要给予及时的正向反馈（如表扬、奖励等），以增强学生的自信和学习动力。在教学中，教师不仅要注重技能的传授，还要强调运动的健康价值，使学生意识到排球运动不仅是一项技能，更是一种健康、快乐的生活方式，让他们真正体验到运动的快乐，培养出对体育的热爱和持续的运动习惯。

3. 翻转课堂教学模式

翻转课堂也被称为“颠倒课堂”或“反转课堂”。目前翻转课堂尚无科学、系统的定义，国内外学者从不同角度深入探讨和研究了翻转课堂的概念。

金陵先生从教学活动的顺序出发定义翻转课堂，他认为“翻转课堂”是指把“老师白天在教室上课，学生晚上回家做作业”的教学结构翻转过来，构建“学生白天在教室完成知识吸收与掌握的知识内化过程，晚上回家学习新知识”的教学结构。[①] 帕帕佐普洛斯（Papadopoulos）等认为，翻转课堂是由教师指定部分学习者汇报学习成果，要求汇报人把解决实践性任务所用到的技术和方法详细地讲解出来，并接受其他学习者

① 金陵．“翻转课堂”翻转了什么？[J]. 中国信息技术教育，2012（9）：18.

的质疑，其他学习者也可以提出新想法，从而实现知识的交流、内化。[①]

马秀麟等则从课内外学习空间转变的角度对翻转课堂进行了定义，认为翻转课堂的基本思路是把传统的学习过程翻转过来，让学习者在课外时间完成针对知识点和概念的自主学习，课堂则变成了教师与学生之间互动的场所，主要用于解答疑惑、汇报讨论，从而达到更好的教学效果。[②]

国外学者拉格（Lage）等从课内外不同教学活动整合的角度进行了分析，认为在翻转课堂上，教师要为学习者提供网页形式、PowerPoint 形式和微视频形式的学习资源，并利用知识地图提供导航体系，以便不同认知风格的学习者选用；学习者则应针对导读和实践性任务中的疑问，在课外自主探究，解决“导读”中的疑问，找到完成实践性任务的有效方法。[③] 钟晓流等人也认为，翻转课堂就是在信息化环境中，课程教师提供以教学视频为主要形式的学习资源，学生在上课前完成对教学视频等学习资源的观看和学习，师生在课堂上一起完成作业答疑、协作探究和互动交流等活动的一种新型的教学模式。[④]

张莉靖、曹殿波从教学理论角度出发，认为翻转课堂教学模式是在掌握学习教学理论指导下，运用现代信息技术再造教学时空，实现传统教学环节的翻转，从而发挥班级授课制中学习者主体作用的一种新型信

① PAPADOPOULOS C, SANTIAGO-ROMAN A, PORTELA G. Work in progress-developing and implementing an inverted classroom for engineering statics[J]. IEEE Frontiers in Education Conference, 2010.

② 马秀麟，赵国庆，邬彤 . 大学信息技术公共课翻转课堂教学的实证研究 [J]. 远程教育杂志，2013，31（1）：79-85.

③ LAGE M J, PLATT G J, TREGLIA M. Inverting the classroom：A gateway to creating an inclusive learning environment [J]. Journal of Economic Education, 2000, 31（1）：30-43.

④ 钟晓流，宋述强，焦丽珍 . 信息化环境中基于翻转课堂理念的教学设计研究 [J]. 开放教育研究，2013，19（1）：58-64.

息化教学模式。[1]

可见，国内外学者从不同角度对翻转课堂进行了定义，无论是学习空间的转变、教学顺序的变化，还是教学活动的整合、教学理论的变化等，均体现了翻转课堂的一些特征。一般来看，翻转课堂的特征主要包括以下三点。

第一，课前自主学习。在翻转课堂模式下，学生需要在课前通过观看教学视频、阅读教材和参考资料等方式，对即将在课堂上讨论的内容进行预先学习和准备。这种课前自主学习的方式允许学生根据自己的学习节奏和方式来吸收知识，有助于培养学生的自主学习和自我管理能力。

第二，课堂互动与探讨。翻转课堂强调课堂时间的重要性，并主张通过互动和探讨的方式提高课堂效率。在这种模式下，教师不再是课堂的唯一主导者，而是转变为学生学习的引导者和辅导者。课堂时间被用来讨论学生在课前学习过程中遇到的问题、进行小组项目合作或者深入探讨更为复杂的主题和问题。这种方法有助于增加学生的参与度，激发他们的学习兴趣，促进同伴之间的互助和合作。

第三，技术与数字资源的有效整合。翻转课堂模式充分利用了现代信息技术，特别是互联网和数字化资源，以支持学生的课前自主学习和课堂互动。教师可以通过各种平台和工具（如教学视频、在线测验、数字教材等）为学生提供丰富和多样化的学习资源。这不仅使学生可以更灵活、更个性化地进行学习，还可以让教师更准确地了解学生的学习进度和需求，从而更有效地进行教学设计和教学调整。

将翻转课堂应用于高校排球教学时，教师可以设计视频或在线教程，让学生在课前熟悉排球运动的基本规则、技巧和策略，这些教程应包括清晰的示范，确保学生能够理解每一技巧的关键点。利用多媒体工具，教师可以提供一些国际比赛的精彩片段，使学生更直观地了解高水

① 张莉靖，曹殿波．“翻转课堂”教学模式研究[J].陕西教育（高教版），2014（Z1）：91-92.

平的比赛技巧和策略。当学生走进课堂时，他们已经具备了一定的理论基础，这时教师可以组织一系列的实践活动，让学生在实际操作中巩固和提高，这些活动可以包括技能练习、小组对抗、模拟比赛等，通过这种方式，学生有足够的时间在教师的指导下进行实践，而不仅仅是被动地听讲。在实践活动中，教师应鼓励学生提问，分享自己的体验和困惑，这样才能让课堂变得更加互动和生动。教师可以根据学生的实际表现和反馈，对教程中的内容进行调整或补充，确保每个学生都能得到个性化的关注和指导。翻转课堂还为学生提供了更多的自主学习机会，他们可以在家中反复观看教程，随时回顾和巩固知识；教师也可以推荐一些高质量的在线资源（如优秀排球运动员的访谈、专业训练方法等），进一步拓宽学生的知识视野。

（三）高校排球教学模式的创新策略

1.坚持以学生为中心

坚持以学生为中心的教学模式是现代教育改革中的重要理念，强调教学活动的所有环节都应围绕学生的需求、兴趣和发展来展开。这一策略的核心理念认为，教育不仅仅是知识的传授，更是激发学生主动学习、探索和实践的过程。在高校排球教学中，学生各自具有独特的学习风格、兴趣和背景，单一、固定的教学方法可能无法满足所有学生的需求。以学生为中心的教学模式鼓励学生积极参与，提供了多种学习方式和策略，使每个学生都能在适合自己的方式中找到最佳的学习路径。因此，教师首先要了解学生的知识背景、技能水平、兴趣和期望，在此基础上，教师可以设计不同层次和类型的教学活动，确保每个学生都能参与并受益。例如，对于基础技能较差的学生，教师可以提供更多的个别指导和辅导；而对于已经具备一定技能的学生，教师可以提供更多的挑战性任务和项目，促使其深入学习和探索。以学生为中心的教学模式还鼓励学生之间的合作与交流。在排球教学中，教师可以组织各种团队合作活动（如小组对抗、团队策略研讨等），使学生在实践中学习合作、沟通和策略应用；还应该为学生提供足够的反馈机会，及时了解学生的学习进度和困惑，并提供相应的指导和帮助。这不仅有助于提升学生对知识和技能的掌握，也有助于培养学生的自我评价和反思能力。

2.强调实践与体验

在高校排球教学中，无论采用哪种教学模式，教师都应注重学生的实践与体验。排球运动不仅仅是一种技能，更是一种对运动员身体、心理以及团队合作能力的综合考验，只有通过实际的练习和体验，学生才能真正掌握并应用所学的知识和技能。在高校排球教学中，单纯的理论学习很难使学生真正理解和掌握排球运动的技术和策略。只有通过反复的实践，学生才能体验到每一个动作的细微差异、每一个策略的利弊得失。排球运动是一种团队运动，不仅需要个人的出色表现，还需要团队间的默契配合，这种默契配合并不是通过言语教导就能达到的，必须通过实践和体验才能培养。

因此，教师应该为学生提供大量的实践机会，包括基础技能的练习、团队配合的模拟训练、实际比赛的体验等。在技能练习中，教师应该给予学生充分的指导和反馈，帮助学生不断改正错误，提高技能水平。在团队配合的训练中，教师可以设计各种模拟比赛，让学生在实际的比赛情境中体验和学习团队合作的重要性。在实际比赛中，教师不仅要指导学生如何发挥自己的技能，还要教导学生如何根据比赛的实际情况调整策略、如何与队友进行有效的沟通和配合。体验不仅是技能的体验，还包括比赛中的心理体验，排球比赛中经常会出现胶着的局面，这时候学生的心态、情绪管理能力、应变能力都将受到考验，教师可以通过模拟比赛、心理训练等方式，帮助学生提高这方面的能力，确保学生在真正的比赛中能够发挥出最佳的状态。

3.培训和发展教师队伍

培训和发展教师队伍不仅是提高高校排球教育质量的关键，也是确保高校排球教育与时俱进、满足社会和学生需求的重要手段。只有通过持续、个性化、实践性强、得到充分支持且鼓励创新的培训，排球教师才能够更好地履行其使命，为学生提供高质量的排球教育。

排球教师队伍的培训和发展基于一个简单而深刻的事实：排球教育的质量和效果在很大程度上取决于排球教师的能力和水平。只有当排球教师具备足够的知识、技能和专业素养时，他们才能为学生提供高质量的教育。为确保排球教师队伍得到有效的培训和发展，高校应着重考虑以下几个方面的问题。

第一，持续的专业发展。随着排球教育领域的研究不断深入和排球教育技术的快速发展，排球教师需要定期进行专业发展，以保持其知识和技能的先进性。排球教师可以通过参加研讨会、工作坊、在线课程等方式来实现这一目标。

第二，建立支持系统。除了正式的培训，排球教师还需要得到持续的支持，这些支持可以是来自同事的建议和反馈、专家的指导或教育机构提供的资源和工具。

第三，鼓励创新与研究。教育是一个不断发展的领域，排球教师应被鼓励尝试新的教学方法、工具和策略，并对其进行研究，以不断推进教育的发展。

二、高校排球教学方法

教学方法是教育教学活动中，教师为实现特定的教学目标、引导和激励学生学习所采取的组织和进行教学的具体方式和手段，涉及教学活动的设计、组织和实施过程。简言之，教学方法是教师与学生互动以及传授和探究知识、技能和态度的方式。当前高校排球教学中，常见的教学方法主要包括以下几种，如图 2-1 所示。

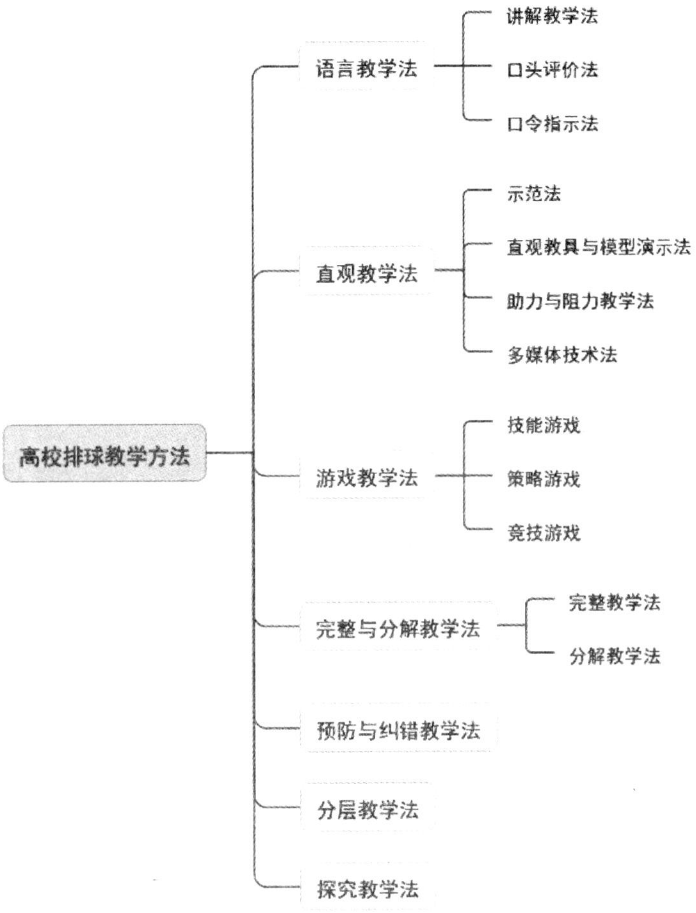

图 2-1　高校排球教学方法

（一）语言教学法

语言教学法是指以语言为工具开展教学活动的一种教学方法。在高校排球教学中，语言教学法主要包括讲解教学法、口头评价法和口令指示法。

1. 讲解教学法

讲解教学法是教师详细解读排球运动的基础理论知识，揭示技术与战术的核心要点、内在规律以及其构成要素的一种教学方法。这种教学方法旨在为学生提供清晰、结构化的信息，确保学生对排球的基本概念、原则和实践有深入的理解。在排球的实际教学过程中，讲解教学法可以被用于阐述排球技术动作的具体操作方式和核心要点、战术配合的实施方法和标准要求以及在实际比赛中应用这些技术和战术时应注意的各种事项。这种方法可以为学生提供一个系统化的认知框架，使学生能够在实践中更加有效地应用理论知识，从而提高其技能和战术水平。

在排球教学实践中，教师在运用讲解教学法时首先要确保讲解的目的明确，让学生能够抓住重点，避免由于不明确的指导而导致学习效率降低。教师在传授知识时也要保证内容的准确性，确保每一个讲解的知识点都是基于事实、教育学原理和科学技术原理的。为了使学生更易于理解和掌握，教师应该努力使讲解内容生动有趣，如教师可以通过形象化的方式描述技术动作，帮助学生在脑海中形成正确的动作模型。教师在讲解时应该注意内容之间的关联性，使各个知识点和技术动作并不是孤立存在，而是与之前的学习内容有所联系，这样更有助于学生的理解和掌握。一个成功的讲解还应具备启发性，通过对比、类比或提问，教师可以激发学生的思考，进而引导学生产生各种感官活动（如观看、聆听、思考和练习），从而实现深入的学习和理解。

2. 口头评价法

口头评价法主要是通过言语形式对学生的学习效果、态度、技能、行为等进行即时的反馈和评价。口头评价法有助于教师了解学生的学习情况，为学生提供及时的指导和帮助，并鼓励学生继续努力或改进。口头评价法也有助于培养学生的自我评价能力，帮助学生了解自己的长处和不足，从而更好地调整学习策略和努力方向。在高校排球教学中，口头评价法是一种不可或缺的教学手段，特别是在实践课程中。通过口头评价，教师能即时对学生在排球运动中的动作执行、配合意识、战术理解等方面给予反馈。评价的过程不仅可以让学生明确自身的掌握情况，还可以调动学生的积极性和自信心。

为了使评价更具建设性，提高学生的学习动力，教师在评价时应注意多运用积极、正面的评价方式（如称赞学生的努力、突出其表现的亮点等），避免过多的消极评价，因为消极评价可能会打击学生的自信和积极性。但在某些情况下，如当学生出现明显的技术缺陷或理解误区时，教师仍需指出问题所在，这时教师需要注意的是如何表达，要确保评价既真实又充满建设性，为学生指明问题所在的同时，为其提供改进的建议和方向。

3. 口令指示法

口令指示法是指通过口令来指导、控制和组织学生的活动。在体育教学中，尤其是在基础体育技能的训练和团体项目中，口令指示法的应用十分广泛，这种方法可以帮助教师快速、准确地传达指示，确保学生的动作标准、有序且高效。口令指示法的口令通常分为起始口令、提示口令和执行口令。例如，在排球教学中，教师可能会使用“准备—跳起—扣球”这样的口令帮助学生按照正确的步骤完成动作，这种方法有助于引导学生快速入门，形成正确的技术动作，并增强团队协作的默契。

在高校排球教学中，口令指示法起着引导和激发学生活力的作用，能确保教学活动的有序进行。为确保教学效果，教师在运用口令指示法时不仅要使口令简洁明了，还需确保口令与实际动作相匹配，使学生能够迅速把握关键动作。例如，教师如果想引导学生正确前进，可使用“上步”这一简短口令；若要指导转体，则可用“转体”这一口令。这种方法能迅速帮助学生明确下一步的行动，避免出现混乱或错误的动作。在教学战术配合时，像“大力扣”和“二传跟上”这样的口令也能够准确指示学生进行正确的动作或策略。

（二）直观教学法

直观教学法是一种使学生通过感官（如视觉、听觉、触觉）直接或间接地观察和体验对象、事物或现象的教学方法。这种方法旨在通过直接的感官体验，帮助学生形成清晰、准确的认知和理解，从而达到更好的教学效果。在直观教学中，教师会利用各种教学媒体（如实物、模型、图片、影像、实验等）使学生能够直接看到、听到或感受到所学的内容。这种方法在传统的以及现代的教育中都有广泛的应用，因为它能够激发学生的兴趣，使复杂的概念变得更为形象和具体，从而增强学生的理解和记忆。

在高校排球教学中，直观教学法主要包括示范法、直观教具与模型演示法、助力与阻力教学法和多媒体技术法。

1. 示范法

示范法是通过直接展示或表现某一技能、操作或行为，使学生直观地观察和理解，从而达到传授知识和技能目的的一种方法。示范法主要用于那些需要具体操作或展示的技能和知识的教学，以便学生能够直接看到所要学习的内容是如何实施的。示范法通常依赖于教师的专业技能和经验，在示范过程中，教师需要准确、清晰地展示每一个步骤，确保学生可以清楚地看到和理解。教师在示范时还应该解释自己的操作原因和背后的理论知识，使学生不仅能看到如何操作，还能了解为什么这样操作。

在排球教学中，教师在运用示范法时应注意以下几点问题。

第一，示范目的要明确。教师需要明确哪些是重点和难点，并在示范中着重强调。这样的方法能确保学生的注意力集中在关键动作上，进而形成深刻的印象，为后续的实践奠定基础。

第二，注意示范的准确性和标准化。只有当示范达到一定的技术标准时，学生才能建立起正确的动作概念。任何示范中的偏差都可能导致学生形成错误的认知，因此教师在示范时应确保自己的动作是规范和准确的。

第三，为确保示范的效果，教师需要确保示范动作对所有学生都清晰可见。这可能需要教师从不同的角度进行多次示范，确保每位学生都能从最佳的视角观察到每个动作的细节。

第四，教师可以通过与讲解相结合的方式，引导学生更深入地思考排球技术的规律和特点。这种结合方式不仅可以帮助学生更全面地理解动作的结构和功能，还可以激发学生的思维，使学生在练习中更有目的性和针对性。

2. 直观教具与模型演示法

直观教具是指用于辅助教学的各种教具、设备和材料，如模型、图片、图表、视频等。在排球教学中，直观教具可以帮助学生更加直观、形象地了解排球运动的基本技术、战术和规则。例如，使用排球动作的分解图或视频可以帮助学生更清晰地理解每一个动作的细节；使用场地示意图可以帮助学生更好地理解排球运动的战术布置和队员的位置关系。

模型演示则是通过模型或真实的示范来展示某个技术或策略。这种方法尤其适用于那些难以用语言描述的技术动作或战术。在排球教学中，教师可以自己进行示范，也可以邀请高水平的学生或职业球员进行示范。通过模型演示，学生可以更直观地看到每个动作的具体执行方法、动作的流畅性和连贯性，从而更好地模仿和实践。

3. 助力与阻力教学法

助力与阻力教学法为排球技术动作教学提供了一个实际、直观的学习方式。通过体验和实践，学生可以更好地理解和掌握排球技术动作的关键要点，从而提高自己的技术水平和比赛成绩。在排球技术动作教学过程中，教师可以借助外部力量模拟或制造某些动作中可能遇到的助力或阻力。例如，在教学扣球动作时，教师可以轻轻地推学生的手腕，使学生感受到施加在球上的力量和方向；在教学跳高动作时，教师可以在学生的脚下放一个垫子，使学生感受到在跳跃过程中如何更有效地利用力量。通过这种方法，学生不仅能够更好地理解动作的原理，还能够感受到动作的细节。

4. 多媒体技术法

在传统的排球教学中，学生往往需要通过听、模仿和实践来掌握技能。而多媒体技术的引入，使学生能够更加清晰地看到每一个技术动作的细节，从而更好地理解和掌握。通过利用多媒体技术，教师可以展示国际比赛的片段，帮助学生理解排球的实战策略和动作的技巧。通过慢动作回放，学生可以清楚地看到每一个动作的关键环节，从而更好地模仿和实践。多媒体技术法还可以增强学生的学习兴趣，使排球教学不再是单一的技术传授，而是变得更加生动和有趣。

在现代体育教学中，随着科技的进步，教学方式也在不断创新。多媒体技术法不仅可以帮助学生更好地掌握排球技术，还可以提高教学的效率和效果。例如，教师可以制作教学视频供学生在课外反复观看和模仿；也可以使用交互式软件让学生在虚拟环境中进行排球技术的训练。

（三）游戏教学法

游戏教学法是一种在排球教学中常用的方法，它借助于游戏活动的形式来进行技能和策略的教与学。与传统的教学方式相比，游戏教学法更加强调学生的主动参与、实践和体验，它能够创造一个轻松、有趣的学习环境，从而提高学生的学习兴趣和动机。在排球教学中，游戏教学法的应用可以有多种形式，包括技能游戏、策略游戏和竞技游戏。

1. 技能游戏

技能游戏是针对某一技术动作（如发球、扣球、接球等）设计的与之相关的小游戏。例如，为了训练发球技能，教师可以设计一个目标射击的游戏，学生需要尽可能将球发到场地的特定区域。

2. 策略游戏

策略游戏着重于培养学生的战术意识和配合能力。例如，教师可以设计一种模拟实际比赛的场景，学生需要根据对方的布局和动作来做出判断和决策。

3. 竞技游戏

竞技游戏往往与正式的排球比赛类似，但会根据学生的能力和课程的需求进行简化或修改。例如，教师可以安排 3 对 3 的小型比赛或者设置特殊的规则来强调某一技能或策略的应用。

游戏教学法的优势在于，它能够使学生在真实或近似真实的比赛环境中进行技能和策略的训练，还能培养学生的团队协作能力、竞技精神和对排球运动的热爱。教师在使用游戏教学法时需要注意保证学生的安全、公平竞技和教学目标的实现。

在高校排球教学中，为确保游戏与排球教学的目标相符，教师在选择游戏时应始终遵循排球教学的核心理念和目标，这意味着游戏的规则和要求应与课程内容紧密相关，并能够帮助学生掌握所需的技能和知识。例如，若课程的重点是提高学生的扣球技能，那么所选择的游戏应该与此有关，并为学生提供充分的机会来实践和完善这一技能。在游戏进行过程中，教师应不断强调游戏规则的重要性，确保学生在遵守规则的同时，能积极思考和尝试创新，如在一个团队配合的游戏中，教师除了强调规则，还可以鼓励学生根据对方的策略进行调整和变化。评价是教学过程中不可或缺的部分，特别是在游戏教学中，为了确保游戏教学法的效果，教师应以公开、公平、公正的态度对学生在游戏中的表现进行评价，评价的方向既包括技术动作的准确性和流畅性，也包括学生的团队合作精神和策略应用能力。

（四）完整与分解教学法

完整与分解教学法是排球教学中两种常见的教学策略，特别是在技术教学中。它们各自有其优势和局限性，教师在实践中应根据实际情况和学生的需求灵活选择和组合这两种方法。

1. 完整教学法

完整教学法是指从动作的起始到结束，为学生展示并指导整个技术动作的一种教学方法。这种方法特别适用于难度较低、无法分解或首次展示的排球技术动作。

在高校排球教学中，运用完整教学法时，教师需要确保是在讲解技术动作的各个要点后再进行完整的动作示范，这不仅能够帮助学生理解动作的结构和流程，也能为学生提供一个清晰的模板，供他们模仿和实践。但仅仅示范是不够的，教师还需突出动作中的重点和难点，确保学生在模仿和实践时能够特别关注这些关键部分。例如，在教学扣球时，教师可能需要强调手部形状、手腕的用力方式或击球的时机等。考虑到学生的不同能力和排球运动的技术难度，教师在教学初期可能需要降低某些动作的难度，这样可以帮助学生更容易地掌握和实践，从而建立起对动作的初步认识和信心。待学生对基础动作有了一定的熟悉和掌握后，教师便可以逐步提高难度，引导学生掌握标准技术动作。

2.分解教学法

分解教学法是将复杂的技术动作或战术配合拆分为较小的、更易于理解和实践的部分的一种教学方法。这种方法的核心思想是通过掌握每一个部分，逐渐形成一个整体的、流畅的排球技术动作或战术配合。

在高校排球教学中，采用分解教学法时，教师要确保分解的动作各环节保持其逻辑性和连贯性。任何技术动作，无论其复杂程度如何，都是由一系列互相联系的步骤组成的，分解时不能随意地、无逻辑地将它们拆分，否则可能会对学生造成困惑，影响他们对整个技术动作的理解和掌握。教师还需要考虑学生的学习特点、教学内容的复杂度以及教学进度，灵活地运用分解与完整教学法。例如，对于初学者或基础课程，教师需要先将动作进行分解教学，让学生先掌握基础的、单一的技术环节，再逐渐过渡到完整教学，引导学生整合所学知识，形成完整的技术动作。

（五）预防与纠错教学法

预防与纠错教学法经常结合在一起使用。在学习过程中，学生可能会出现各种错误，而教师的任务是预测这些错误，及时采取预防措施，并在错误出现后迅速进行纠正。这种教学方法的目标是最大化地提高学生的学习效率，并帮助学生克服学习过程中的障碍。

在高校排球教学中，教师要充分了解学生的学习特点和基础水平，这样才能准确预测学生可能犯的错误，制定更为个性化、有针对性的教学策略。教师应制定相应的预防措施，包括确定可能出现的错误、制定具体的预防措施和策略。例如，如果预测学生在发球时可能因握球姿势不当而发生失误，教师可以在教学前特意强调正确的握球姿势，并在教学过程中对学生进行持续的提醒和指导。除了预防，纠正错误也同样重要。一旦学生出现错误，教师应迅速干预，通过各种方法（如示范、讲解、手把手指导等）来帮助学生纠正。此外，外部干预（如外力作用、信号提示等）也是有效的纠错手段。

（六）分层教学法

分层教学法是一种针对学生差异化的教学方法。它依据学生的基础知识、学习能力、学习风格等因素，将学生分为不同的层次或组别，然后为每个层次或组别设计和提供适当的教学内容和方法。其主要目的是确保每个学生都能在适合自己的水平和速度上进行学习，从而提高学生的学习兴趣、参与度和学习效果。

在排球教学中，教师可以根据学生的能力和经验将他们分为不同的层次，以提供最适合他们的教学内容和方法。这种方法能确保每位学生都能在自身的水平和速度上进步。为了有效实施这一策略，教师首先需要对学生的排球基础和技能进行评估，这样可以确保他们被准确地分到适合自己的层次。例如，初学者可能需要更多关于基础动作和规则的指导，而中等或高等水平的学生可能更专注于技术提高和战术应用。在评估后，教师可以为每个层次制订特定的教学计划：初学者的课程内容可能包括基础的传球、发球和扣球技巧；而中等或高等水平的学生可以进行更复杂的战术练习和比赛模拟。通过这种方式，每个学生都能得到他们所需的指导和练习，从而确保他们都能在个人水平上取得进步。

在教学过程中，教师应该持续观察学生的表现和进步，根据需要进行调整。例如，某个学生如果在初学者组别中表现出色，他可以被提升到更高的层次；同样，中等或高等水平的学生如果在某些技术上遇到困难，他们可以在这些特定技术上得到额外的辅导和练习。

（七）探究教学法

探究教学法是一种以学生为中心的教学方法，强调学生通过自主的探索和研究来获取知识和技能。与传统的以教师为主导的“灌输式”教学不同，探究教学鼓励学生对知识进行深入的思考、提出问题、解决问题，并在这个过程中培养他们的分析、批判和创造性思维能力。

在排球教学中运用探究教学法需要教师创设一个环境，使学生能够通过自己的体验和实践来理解和掌握排球技巧与策略。教师应当引导学生去思考如何更好地执行一个动作、如何判断场上的局势以及如何与队友更好地协同合作。例如，当教授扣球技术时，教师可以给学生提供一些基本的扣球技巧，并让他们在实际比赛中尝试，然后鼓励他们根据比赛的实际情况来调整和改进，在这个过程中，学生可能会遇到各种问题（如扣球的角度、力量、速度等），教师可以引导他们去思考这些问题的原因，并鼓励他们找到解决方案。教师还可以组织一些小组活动，让学生在小组中讨论和分享他们在比赛中的观察和体验，这样他们可以从中学到如何更好地与队友合作、如何制定策略等。在这种学习模式下，学生不再是被动的接受者，而是成为主动的参与者和探索者。总的来说，通过探究教学法，学生可以更加深入地理解和掌握排球运动的技巧和策略，还能培养自己的观察、思考和合作能力；教师的角色也从传统的知识传授者转变为引导者和助手，他们的主要任务是帮助学生找到自己的学习路径，支持学生在探索过程中不断成长。

排球教学活动是十分复杂的，需要多种体育教学模式以发挥各自特有功能而共同完成，不同教学任务、不同教材、不同教学阶段、不同对象要选用不同教学模式，多样化地选用体育教学模式，能达到良好的教学效果。①

① 周红律，周海云．体育教学模式及其在排球教学中的选择与运用 [J]. 上海体育学院学报，2003（3）：83-86.

第三章　高校排球技术教学与训练

在排球运动中，排球基本技术包括准备姿势和移动技术、传球技术、发球技术、垫球技术、扣球技术、拦网技术。对于初学者来说，他们应首先掌握基本的准备姿势与移动技术，之后学习传球、发球和垫球技术，熟练掌握这些基础技术之后，学生已具备进行简单比赛的能力。接下来，通过学习扣球和拦网技术，学生可以更深入地理解并参与进攻和防守战术。高校排球技术教学与训练是一个复杂且系统的过程，教师应通过实例、模拟和反馈使学生在实践中不断修正和完善技术动作。除了技术的教授，教师还需要培养学生的战术意识，使学生能够在比赛中做出正确的判断和反应。

第一节　准备姿势与移动技术

在排球运动中，准备姿势与移动技术是基础。准备姿势主要为运动员提供一个稳固的起点，确保他们能够快速、有效地对各种场上变化做出反应。移动技术则决定了运动员在场地上的灵活性和反应速度，允许他们迅速到达球的落点，准确地完成技术动作。无论是短距离的滑步、快速的交叉步，还是长距离的冲刺，每一种移动方式都要求运动员有良好的身体协调性和节奏感。在高校排球教学中，教师有必要引导学生掌握准备姿势与移动技术并熟练运用，进而使学生在比赛中发挥最佳状态，展现卓越的竞技水平。

一、准备姿势

（一）技术分析

排球运动的准备姿势是每一个动作开始前的基本姿势，能为后续动作提供稳定的基础，确保运动员能够迅速且准确地响应场上变化。目前，主流的准备姿势共有三种：稍蹲准备姿势、半蹲准备姿势和低蹲准备姿势。这些准备姿势不仅有助于运动员迅速、准确地响应场上的变化，还能够确保动作的稳定性和准确率。因此，在高校排球教学与训练中，引导学生熟练掌握这三种姿势至关重要。

1.稍蹲准备姿势

在排球运动中，稍蹲准备姿势是一项基础准备姿势。运动员处于不需要迅速移动但需要随时响应的场合时，常采用稍蹲准备姿势。这一姿势能够使运动员维持一个较高的身体重心，从而保证即时的反应和技术操作。

稍蹲准备姿势的具体要求如下：双脚分开站立，间距略大于肩宽，为身体提供稳固的支撑；膝盖轻微弯曲，脚尖微微内收，脚跟稍微抬起，这样能够进一步提高运动员的灵活性和稳定性；双臂自然弯曲并准备迎接球，目光始终集中于来球，确保能够准确判断球的轨迹并做出恰当的应对。

2.半蹲准备姿势

在排球比赛中，半蹲准备姿势是为应对接发球、拦网和各种传球等动作而采取的一种体位姿势。当做好击球的预备动作时，运动员通常将双脚平行地分开或者稍微将一只脚放在前面以增强稳定性，间距与肩部的宽度相近，这样能够让运动员的身体重心更低并增强稳固性；脚尖轻微地指向内侧，脚跟略微抬起，膝盖保持 100° ～ 110° 的弯曲角度，确保运动员能够迅速地从静止状态启动；身体上半部分轻微前倾，双臂略微弯曲，处于接球的准备状态，眼睛始终保持对来球的关注。

3. 低蹲准备姿势

在排球运动中，低蹲准备姿势是面向防守和各种保护动作时所采用的一种姿势，它是一种相对被动但随时准备迅速响应的状态。为确保稳定性和灵活性，运动员需要调整身体的重心，使重心保持在较低的位置，此时双脚需分开站立，间距稍宽于肩宽，也可以将一只脚微微前置。为增加稳定性，脚尖需稍微指向内侧，脚跟微抬。上半身轻微前倾，确保从肩部到肘部的线条能够垂直穿过膝盖，同时膝盖的线条能垂直穿过脚尖，这样可以保持平衡并随时调整位置。运动员的目光应始终锁定在来球上，以确保及时做出反应。

（二）教学过程

在高校排球教学与训练中，开始教学时，教师应当为学生明确介绍准备姿势的重要性，明确排球技术的运用目的、作用以及动作的实施方法，使学生对准备姿势产生基本的理论认知，帮助学生明确学习的目标。接下来，教师结合刚刚的教学讲解，对准备姿势进行正确、形象和生动的示范，在示范时，教师要注意每一个细节，确保学生能够清晰地看到并理解每一个动作的重要性和方法。在示范完成后，教师可以组织学生进行实践练习，开始时可以让学生原地模仿准备姿势，随后为更好地应对实际比赛中的情况，教师可以指导学生在移动中练习准备姿势，确保学生在各种场景下都能迅速进入准备状态。当学生练习结束后，教师需要仔细观察并对学生的动作进行纠正，确保每一个学生都能正确掌握准备姿势，在此过程中，教师不仅要纠正错误，还要强调正确的动作原理和意义。当所有内容都被讲解和实践后，教师对整个教学过程进行总结，确保学生对准备姿势有一个完整和深刻的理解。

（三）训练方法

在高校排球教学中，徒手模仿是准备姿势基本的训练方式，它是让学生通过模仿教师或教练的动作，来掌握准备姿势的基本形态，这样可以确保学生在没有外界干扰的情况下专注于动作的准确性和细节。为让学生能够在实际比赛中迅速转换到准备状态，教师可以采用慢跑中根据信号迅速转身180°做准备姿势的方法，这样的训练可以帮助学生提高在快速移动中切换到准备姿势的能力，培养学生的敏捷性和反应速度。为进一步增强学生对准备姿势的反应和准确性，教师可以采用两人一组的方式进行特定的训练，其中一人根据预定规则做出上举、平举、放下的手势，另一人则根据这些手势做出直立、半蹲、摸地的动作，这种方式不仅可以让学生在短时间内迅速做出反应，还能够加深学生对准备姿势与实际动作之间关系的理解。

二、移动技术

（一）技术分析

移动技术是排球运动各种击球动作的基础，对于运动员在场上的位置调整、接发球、防守和进攻具有至关重要的作用。缺少移动技术的排球运动员只能在原地进行击球，这将削弱排球比赛的精髓和战术深度，使这项运动失去其固有的魅力和竞技性。

排球运动中的移动技术能够确保参与者有效击打和接应每一次传来的球。移动不仅是为了接近球，还要确保与球保持适当的距离和角度，这样每次击打才可以更准确、有力。实际上，无论是在场上进行技术动作，还是做准备，准备姿势与移动都是密不可分的。准备姿势是移动的起始点，移动则确保扣球、拦网、一传、二传、接应、保护等动作都能顺利进行。在比赛中，球场上的每个点都有可能成为下一个接球点，因此即使球未直接飞向某个运动员，他也必须始终做好准备，随时准备移动到恰当的位置。这种即时性和预测性对于那些需要做出被动技术动作（如一传、防守或拦网）的球员尤为关键，能否迅速并准确地移动到位往往决定了技术动作的成功与否。近年来，随着排球运动员的身高逐渐增加，高个子队员的移动技巧训练显得尤为重要，对于他们来说，如何利用自己的身体优势并确保移动的迅速和准确是一大挑战。

在排球运动中，影响移动速度的因素多种多样。从技术的角度看，是否采取了合理的准备姿势、运动员的判断能力、从收到信息到采取行动的反应时间、蹬地时的爆发力以及起动后的步伐速度都会对移动速度产生影响。

在高校排球运动中，移动技术主要涉及以下内容。

1.起动

起动是移动技术的开始，决定着运动员能否迅速到达所需位置以完成接应或攻击。当开始起动时，运动员首先需要降低身体的重心并收紧腹部，随后上体向前或侧面倾斜，双脚则需要迅速且有力地蹬地。为保持身体的动力和平衡，双手会随身体摆动。

（1）身体重心的变换。为了前进，运动员可以采取三种方法改变重心：一是迅速抬起前脚使身体仅用后脚支撑，由于失去平衡，身体会倾向于前移；二是向前抬起前腿并将上体前压，这样可以更改身体的姿势，进一步使身体重心前移；三是当准备姿势的两脚相对靠近时，可以选择迅速后退一小步。这三种方法都旨在通过前移和适当降低重心，减少蹬地的角度，从而增加蹬地的水平分力，助力身体向前移动。

（2）下肢蹬地时的肌肉爆发力。运动员需要在短时间内施加尽可能大的力，从而在短时间内为身体提供更大的加速度。这种爆发力的有效释放需要正确掌握重心的倾斜角度，只有这样，爆发出的力才能转化为有效的水平推进力。

2. 移动步法

（1）并步。并步主要用于短距离内的快速移动，尤其是当运动员需要在网前进行横向移动时。移动前，运动员两脚应前后站立，间距与肩同宽，两膝微屈，上体稍向前倾，两手自然放松置于腰腹。并步时，运动员将一只脚向目标方向移动，另一只脚迅速跟上，使两脚再次并拢，并做好击球前的姿势。整个过程中，两脚始终保持接近，没有交叉。并步能够使运动员在短时间内快速改变方向，同时保持稳定的身体姿势，方便随时进行拦网或其他技术动作。

（2）滑步。滑步是排球运动中的一种基本移动技巧，主要是为了迅速、有效地接近或移动到球的方向。在实际比赛中，根据球的来向和距离，滑步可以分为侧横滑步、前滑步和后滑步三种。当球的飞行方向为横向或者需要根据对方球员的动作进行位置调整时，运动员会采用侧横滑步：开始时，双脚可以并立或略微开立；随着球或对手的移动方向，运动员连续、快速地向一侧跨步，使身体接近来球或准备进行下一步的动作。前滑步主要用于迅速向前移动，尤其是在来球距离较远或需要向前进攻时，执行前滑步时，运动员的上半身应略微前倾，随后连续、快速地进行开立的跨步移动，确保身体尽快接近球的飞行轨迹。后滑步与前滑步类似，但方向相反，当需要迅速后退（如防御对方的后排进攻或调整到后场接发球位置）时，运动员会采用后滑步，在执行此动作时，上半身的姿势与前滑步相似，但移动方向是向后的。滑步的关键在于连续性和快速性，这样运动员才能确保及时、有效地移动到最佳位置，为接下来的击球或防守做好准备。

（3）交叉步。当球在运动员的左侧并且距离大约 3 米时，运动员可以采用交叉步来迅速移动到位。向左侧交叉的具体操作如下：上体稍向左转，右脚从左脚前向左交叉迈出一步，然后左脚再向左侧跨出一大步，同时重心移至左脚，身体面对来球方向，转成准备姿势击球。向右侧交叉的操作与向左侧交叉相似，只是方向相反。这种步法的显著特点在于其步子大、动作迅速，具有很强的制动能力。也就是说，运用交叉步，运动员不仅可以迅速地覆盖更大的区域，还能在短时间内稳定下来，准备进行击球。

（4）跨步。跨步是通过一大步来进行移动的。具体来说，运动员首先选择一只脚作为“中枢脚”，然后另一只脚跨出。根据跨出的方向和中枢脚的选择，跨步可以分为同侧跨步和异侧跨步。同侧跨步是当一只脚屈膝作为中枢脚蹬地时，另一只脚会朝着移动方向跨出，完成跨步后，身体的重心会转移到跨出的脚上。异侧跨步是一只脚屈膝作为中枢脚蹬地，另一只脚则跨向与中枢脚相反的方向，跨出之后，身体的重心仍然保持在中枢脚上。当面对迅速、低矮的来球，特别是当球在身体前方约1米时，跨步移动是一个理想的选择。此时，运动员的前脚朝向来球方向迅速跨出，膝盖弯曲，上半身前倾，确保将身体的重心迅速转移到跨出的腿上。

（5）跨跳步。跨跳步则是在跨步的基础上加入了一个腾空的动作。它不仅可以在跨步无法接近球时使用，还可以与其他移动步法（如并步、滑步、交叉步、跑步）的最后一步相结合，为运动员提供更多的灵活性和选择。在跨跳步中，运动员通过一次腾空，增加了移动的幅度，使自身能够覆盖更大的区域，以达到最佳的击球位置。

（6）跑步。跑步是一种快速移动的方式。在比赛中，根据球的飞行情况和场上位置，运动员经常需要采用不同的跑步方法以适应比赛的需求。跑步在排球运动中主要用于迅速接近飞行中的球。当球距离身体较远时，为了有效接近并控制球，运动员通常会选择跑步移动。与其他移动步法相比，跑步的优势在于其可以快速覆盖大范围的距离，且在跑动过程中，运动员可以随时用任意一只脚来制动和改变方向，这种即时的反应能力确保了运动员可以随时调整自己的位置以适应比赛的变化。当面对不同的球的飞行情况时，运动员可能会选择不同的跑步方式：一是后退跑，这是所有跑步方法中相对较慢的一种，当球飞来的距离短且速度适中时，运动员可以选择后退跑，这样的好处在于运动员不需要转身，能够更容易地观察前方的情况并看到球的飞行轨迹；二是转身跑步，当球的飞行距离长或速度快到运动员来不及正面接应时，他们需要迅速转身并跑向球的方向，这里的关键是要在转身的同时跑动，而不是先转身再跑，以确保最大的移动效率。根据跑步目的的不同，排球运动中常见的跑步移动还可分为变速跑、变向跑、侧身跑。变速跑是通过调整速度，运动员可以迅速改变脚步节奏，这在面对不确定的飞行轨迹时尤为有效；变向跑是在跑动过程中，让运动员可能需要突然改变方向，此时他们会用与移动方向相反的脚用力蹬地，同时腰部转向，另一只脚大步跨出；侧身跑是一种侧向移动的方式，运动员的脚尖始终指向移动的方向，身体稍倾，迅速向该方向移动。总之，排球运动中的跑步技巧是多种多样的，要求运动员根据实际的比赛情况，迅速、准确地选择合适的跑步方式，以确保在比赛中达到最佳的表现。

（7）混合步。混合步是将以上几种基本步法有机地结合起来，以适应不同的场地位置和比赛情况。也就是说，运动员需要根据比赛的变化，妥善利用各个步法的优势。例如，当球位于场地的远侧时，运动员可以利用跑步迅速靠近球的位置；但当接近球并确定可以顺利处理球时，他们可以转换为面向来球方向的侧并步，这样更利于观察球的轨迹，可以有效地制动并迅速调整身体，以进行有力的应对和击打。因此，对各种移动步法的熟练掌握和灵活组合应用是至关重要的。

3. 制动

在排球运动中，为确保能够在接到球时保持稳定的姿态并成功地击打，运动员在快速移动后需要采取适当的制动技术。制动技术是帮助运动员从高速移动状态平稳过渡到完全静止的关键，旨在克服由于身体的动力产生的冲力。为了做出有效的制动，运动员可以采取以下两种方法。

（1）一步制动。当运动员接近移动的终点时，他们会迈出一大步，在这个过程中，他们会降低自己的重心，膝部和脚尖会适度地向内转，然后使用整个脚掌与地面摩擦，以克服身体继续前移的惯性。同时，运动员会使用腰部和腹部的力量控制上半身，确保身体重心的垂线位于脚的支撑范围之内，从而实现稳定的制动。

（2）两步制动。在这种方法中，制动是分两步完成的。首先，在移动的倒数第二步，运动员进行第一次制动；接下来，他们迈出最后一步进行第二次制动。在这期间，运动员的身体会稍微后倾，膝盖弯曲，重心降低，双脚会用力地蹬地，帮助身体实现完全的制动。

（二）教学过程

在高校排球教学中，移动技术会对运动员的发挥和比赛表现产生较大影响。为了使学生系统而有效地掌握这一技术，教学应按照并步、滑步、交叉步、跑步和跨步的顺序展开，并在课程的前段进行。

具体来看，排球移动技术的教学过程分为讲解示范、初步掌握动作、巩固与提高动作三个环节。

1.讲解示范

在讲解示范环节，教师应明确传达移动的目的和作用以及它与准备姿势的密切关系。为了让学生更好地理解移动在实际比赛中的应用，教师应结合具体分类进行说明。为了使学生更加直观地了解，教师可以边讲解边示范。当示范向左或向右移动时，采用镜面示范最为恰当；向前或向后移动的示范则更适合使用侧面视角，确保学生能够清晰捕捉到每一个细节。

2.初步掌握动作

当进入初步掌握动作阶段时，教师可采用多种形式和方法以适应学生的不同需求和水平。例如，在集体移动练习中，学生可以按照指定的队形进行，响应教师的信号来进行方向和步数的变换；两人为一组的练习更注重双方的配合和反应，其中一人做出主动的移动，另一人则需要迅速做出响应；接球练习和冲刺练习更多地涉及速度和协调性的训练，学生在这些练习中不仅要迅速移动，还要确保技术动作的准确性，特别是在进行不同起始姿势的冲刺练习时，学生需要克服起始的不稳定因素，尽快进入最佳的运动状态。

3. 巩固与提高动作

为增强学生的快速反应和移动能力，视觉信号可以作为一个有效的训练手段。整个训练过程的关键词是“快”，无论是反应、起动还是加速，都需要体现出速度。例如，3 名学生可以组成一个小组，在教师发出手势信号后，从端线快速冲刺至进攻线或中线，这样的训练模式也适用于两条边线；学生还可以分成 2 排，间隔 2 米，背对教师，当听到哨声时，学生需转身观察教师的手势并相互追逐；还有一种练习方式是 2 名学生站在场地的边线外，当看到教师的手势后，学生需要快速起动，然后在中场互相绕圈，再跑回初始位置。

教师还需要锻炼学生从动作完成到快速起动的能力。训练的目的是使学生能够在完成一定的动作后迅速地转换为移动状态，在此过程中，动作的质量不能被忽视，起动的速度和流畅性同样关键。例如，训练时可以将 3 ～ 6 名学生组成一组，当看到教师的手势后，学生需在原地迅速地做高抬腿动作 4 ～ 8 次，然后立刻冲刺至进攻线或中线；学生也可以在教师的指导下进行各种原地的体操动作，然后在某一刻，教师会突然发出“跑”的指令并做出相应的手势，此时学生需要根据手势的方向开始追逐；球网与端线之间的折回跑是一个不可忽略的训练方式，学生可以组成 3 ～ 6 人的小组，规定折回次数，要求在一侧触摸球网和端线；进攻线之间的钻网往返移动也是一个有效的练习，要求手部必须触摸进攻线但不能接触到网。

结合球的移动练习可以进一步强化对球的空间和落点的判断能力，提高学生的快速移动技能。例如，学生可以两人一组进行投掷和接球的练习，其中一个人朝不同方向投掷不同高度和距离的球，另一个人则需快速移动以接住并传球；学生还可以通过冲刺接住教练远抛的球、追赶地滚球、接反弹球或者通过设定的射击区跑动以及绕网进行攻击等方式来进行训练。

（三）训练方法

移动技术的训练方法需要结合实际比赛的需要有针对性地设计。学生需要在训练中模拟实际比赛的情境，培养其移动的速度、灵敏度和协调性。

在开始阶段，教师可以让学生站在中线与进攻线之间，用低姿势左、右交叉步或滑步来回移动，并用手摸中线和进攻线，通过反复练习，学生可以提高自己在短距离内的移动效率和精确度。之后，教师可以引导学生在网前 3 米或 9 米进行横向往返跑，训练学生在连续移动中保持稳定的节奏和准确的方向。在此基础上，教师可以通过以垂直抛球为信号的练习来提高学生的反应速度和移动效率，学生需要确保在球落地之前快速地从球下钻过去，这种高强度的训练可以极大地促进学生的移动灵敏性。

学生在场地线的两侧进行的练习更多地涉及策略和观察，学生需要观察对方的动作，确保自己不被对方晃开，并试图在对方失误的瞬间冲过线，这种练习不仅能够训练学生的移动技巧，还能增强他们的比赛意识。隔网移动的练习则是一种更为竞技性的训练，学生在对抗中需要试图晃开对方，并迅速钻过网，这种练习既可以提高学生的移动能力，也可以培养其竞技心态和应变能力。

三、训练注意事项

在高校排球教学训练中，教师应注意强调身体的重心稳定。当学生在场地上移动时，他们应保持身体的重心稳定，避免起伏，这样才能确保移动速度的稳定性。不稳定的重心不仅会影响速度，还可能导致接球和传球出现失误。为提高学生的反应速度和判断能力，教师应该利用视觉信号并结合排球进行反复的反应判断练习，这种练习可以帮助学生更好地判断球的飞行轨迹，从而更准确地接球和传球。为了激发学生的兴趣并提高他们的学习效果，教师可以采用一些具有对抗性和游戏性的练习，这样学生在进行基本技能训练时会感到更有趣，这种方法不仅能够让学生在训练中获得乐趣，还可以提高他们的参与度和学习效果。

具体来看，准备姿势与移动技术的训练注意事项主要包括以下几点。

（一）准备姿势训练的注意事项

准备姿势并不需要专门的训练，它可以与移动技术训练相结合。在进行其他技术（如接发球或接扣球）的练习时，教师应有意识地指导学生维持正确的准备姿势。

准备姿势既要保持严格性，又要保证实际应用的合理性。由于学生往往会忽略正确的准备姿势，如果没有严格的指导，他们可能会形成不良的习惯，从而影响比赛的效果，教师需确保学生明白准备姿势的重要性，并始终坚持正确的准备姿势。根据接发球的实际情境（如不同的发球技巧或接球位置），教师应允许学生采用稍有差异的准备姿势，如在面对对方的发球时，根据接球的具体位置和学生的习惯，学生可能需要调整其准备姿势，而不是固守一种姿势。

（二）移动技术训练的注意事项

移动技术的训练应重点关注短距离移动，大多数移动只涉及 2 ～ 3 步，距离通常在 2 ～ 3 米。因此，学生在提高速度的同时，移动技术的训练也应得到相应的关注。学生在进行移动练习时，需要注意移动的节奏与球的飞行速度和飞行轨迹相匹配，过早或过晚地接近球都可能导致动作的中断，影响动作的连贯性和整体效果。因此，学生应该根据球的飞行情况合理调整自己的移动节奏和位置，确保动作的顺畅和准确。

具体来看，移动技术训练的注意事项主要包括以下几点。

1. 结合球移动的专项训练

在实际比赛中，学生的移动往往基于球的轨迹。因此，移动技术训练应紧密结合球的动态，同时模拟比赛中的常见情境，增加训练的实际性、密集度和挑战性。

2. 注重在准备活动中融入移动训练

在进行比赛前的热身活动时，学生应整合各种移动动作，这样不仅能有效地完成热身，也能起到训练移动技术的效果。训练过程应是循序渐进的，学生应确保身体各部位得到充分的热身后，再逐渐加强移动的强度和复杂度，以防肌肉拉伤等意外伤害。

3. 在各项技术训练中融入移动训练

除了单独强调移动技术训练，其他技术培训也应和移动技术相结合，从而使训练更贴近实际比赛。例如，在进行防守技术的训练时，学生不应局限于原地的练习，而应在不同的移动中练习防守技巧；对于保护扣球的技能，学生不应单纯地站在网前进行，而是要根据场上的传球动态，及时地移动到最佳位置来进行保护扣球。这样的训练方式不仅使技术更具实用性，还增强了学生的实战能力。

4. 适当采用以对方的行动为信号的移动训练

在排球比赛中，移动不仅是基于球的轨迹，更多时候是需要根据对方队员的行为来作出相应的判断和行动，球员的移动经常是根据对手的动作来确定的。例如，当对方球员采用某种战术跑动进攻时，负责拦网的球员需要迅速地进行位移以拦截对方的进攻；同理，后场的防守球员也需根据扣球者的动作，提前判断并作出相应的移动。这种训练对提高球员的判断能力至关重要，但在实际训练中往往被忽视，导致球员在比赛时过于专注于球，而忽视了对方球员的动作，从而影响自己的移动效率和防守效果。因此，在移动训练中，教师要让学生养成随时保持正确准备姿势和灵活移动的习惯，尤其是在将焦点转移到其他技能培训时，如果教师不持续强调这一点，学生很容易回到之前的习惯，忽视移动的重要性。当训练的积极性低落或者学生处于过于疲劳的状态下训练时，之前养成的良好移动习惯也容易被遗忘，因此教师需要在训练中持续强调并结合实际比赛情境进行训练。

第二节　传球技术教学与训练

传球是排球运动的基本技术之一，它通过手指与手腕的弹性及身体全面的力量来将球准确送达指定位置。得益于手指和手腕的敏捷性以及双手对球的广泛的控制范围，传球具有高度的准确率和更高的击球点。在传球时，运动员可利用手腕的微调来灵活地改变球的轨迹和下落位置。

传球可以由单手或双手完成，双手传球更为常见。而在球靠近网或网边的特定场景下，为了防止球直接越过网进入对方场地，单手传球显得尤为必要。

传球主要在二次触球时使用，作为连接防守和进攻的桥梁，为队伍制造进攻机会，并充当进攻的组织者。传球还是各种排球技术之间的连接点，是串联所有技术的线索。在面对对方的发球、吊球或拦回的高球时，传球技术同样关键，这也意味着它在某种程度上是一种防守策略。传球技术还能用于完成吊球和处理球的动作。

一、传球的动作分析

（一）正面传球

当传球动作面向球的出发方向时，传球为正面传球。这种方法虽然基础，但在排球运动中使用得最为频繁。运动员由于在传球时正面对着来球，所以更易于确定并掌控球的飞行方向和预期的落点。正面传球是其他传球技术的基础。

1.动作方法

在开始传球前，运动员需要采取一个稍微蹲低的准备姿势。根据来球的轨迹和速度，运动员应迅速移动，确保自己的位置正对即将到来的球，并准备迎击它，此时两臂应当弯曲并举起，同时抬起头注视来球。运动员的手部形态也很关键，两手应自然地张开，形成一个半球状，手腕稍稍后仰，拇指和食指相对，形成一个“八”字形态，同时确保两拇指之间的距离不要太大，以防球从中间滑落。接触球的主要部位是拇指的内侧、食指的全部以及中指的第二和第三指节，无名指和小指的两侧则辅助控制球的出发方向。在操作过程中，击球的位置应该位于额头前方约一球的距离（额头与手部位置的距离大约为球的直径）。随着来球接近，运动员开始从地面用力推起，同时伸直膝盖，双手微微张开，穿过脸部，朝上方迎向球。接触球时，手部的肌肉应适当地保持紧张度，为的是对来球的力量进行缓冲，这是一个复合的动作，需要通过蹬地、伸直膝盖、伸展腰部、伸直手臂和伸展肘部的协同作用，结合手指、手腕和球的反弹力，将球平稳地传向前方。完成传球后，运动员的身体应随传球动作自然伸展，身体的重心向前移动并提升。运动员应保持传球的手形片刻，然后迅速恢复到准备姿势，为接下来的动作做好准备。

2.技术分析

由于传球的击球点较高，所以采用稍蹲的准备姿势不仅有助于运动员迅速移动到合适的位置，还能够为接下来的传球动作做好准备，帮助运动员更准确地判断和控制球的飞行轨迹。击球点的选择对于传球的准确性和力量都至关重要，击球点一般位于额前上方，大约与球的直径相等，这样的位置不仅有助于观察来球和传球的目标，还为伸展手臂和使用腕部力量提供了足够的空间。如果击球点过高，运动员可能会出现手臂已经完全伸直的情况，这将限制运动员的力量输出；过低的击球点可能会影响手臂的完全伸展，从而使传球失去必要的准确性。对于手部的形态，拇指呈“一”字或“八”字形状是理想的形态，这种形态可以确保手与球的接触面积尽可能大，从而更好地控制球。较大的触球面积有助于缓冲来球的冲击力，保证传球动作的流畅。在实际的传球过程中，传球所需的力量并不是单一来源的，它是由伸腿、伸臂、手指和手腕等多种力量综合而来的。根据来球的状态和传球的具体要求，运动员需要灵活调整，采用不同的动作和力量组合来完成传球，确保球被准确、有力地传递到目标位置。

（二）背传

背传是指运动员背对目标方向进行的传球动作。背传需要手部与正面传球相同的技巧（如正确的手形和触球点），运动员还必须在没有直接看到目标的情况下准确地传出球。背传能够有效地打破对方的布防和预判，使进攻更具有突破性。背传还能为队伍的进攻提供更多的选择，使防守方在应对时更加被动。

1.动作方法

在进行背传时，身体背向传球目标，上半身保持直立或略微后仰，确保身体的重心稳定地分布在双脚之间，双手自然地抬起至脸前，保持松弛状态。当球飞来时，运动员要积极地挺胸并向后仰，为迎击球做好准备。

背传的击球点位于额部上方，这一位置相对于正面传球要稍微高且后置，这样运动员可以更好地控制球的飞行方向和传球的力量。在触球的瞬间，手腕呈现后仰状态并保持适当的放松，确保掌心朝上以打击球的下部。这时，手的形状应与执行正面传球时的手形保持一致。

为了使球顺利、有力地向后上方传出，背传的力量来源非常关键，这需要通过蹬地、展开腹部以及积极地抬臂和伸肘来实现，手指和手腕的弹力也是确保球准确传出的重要因素。总之，背传是一种集技术与力量于一体的高难度传球方式，需要运动员有深厚的基础技能和出色的身体协调能力。

2.技术分析

运动员需要在传球前确保上半身处于正直或略微后仰的状态，这种体位有助于运动员在准备传球时能够更好地利用蹬地和抬臂的力量，从而确保球能够稳定并有力地向后传出。

为确保背传的精准度和稳定性，击球点的位置很关键。相较于正面传球，背传的击球点通常是在额部上方，并且更高、更靠后。这样的击球点使运动员在传球时更容易向后施加力量，从而使球更加稳定并保持预期的飞行轨迹。

（三）侧传

侧传是指运动员背对或侧对球网进行的传球动作。传球方向和运动员的面部方向不一致，这就要求运动员有很好的空间判断能力和手感。由于是从身体的侧面传出，所以侧传对手臂、手腕和手指的协调性要求较高。通常，侧传的击球点会稍偏向传出方向一侧。当来球与球网距离非常近或者来球的弧线比较平、速度较快时，正面传球可能会变得困难，这时候侧传技术显得尤为关键。当运动员想为进攻增加隐蔽性和突然性时，侧传可以打破对方的预判和布防。侧传相对于正面传球来说，其技术难度较大，需要更高的手眼协调和对球的感知能力。

1.动作方法

侧传时，运动员的准备姿势是侧对传球目标，确保上体保持正直或稍微后仰，这样可以保证传球的方向和力量。身体的重心均匀分布在两脚之间，以维持稳定并为传球提供稳固的支撑。双手自然地抬起置于脸前，为传球做好准备。

传球的手形在侧传过程中与正面传球保持一致，这样可以确保对球的稳定控制。传球的部位也与正面传球无异，这意味着球员需要在出球方向的一侧上方接触球，确保球的方向和传球力度达到预期。

当进行侧传动作时，双臂要朝着传球方向的一侧伸展。为了调整方向和平衡力度，出球方向一侧的手臂应该稍低，另一侧的手臂则相对较高。在这个动作中，异侧手臂（即非传球方向的手臂）的动作幅度、用力距离和动作速度应该大于同侧的手臂。在传球的瞬间，运动员需要蹬地并使上体向出球方向倾斜，这样可以保证球顺利、准确地传出。

2.技术分析

排球运动中的侧传技术在其实施过程中涉及多个动作细节和力度的调控。其中，选择适当的击球点至关重要，当击球点偏向传球方向的一侧时，这不仅有助于球员更好地控制球的方向，而且可以为侧向传球提供合适的角度和力道。球员的上体和手臂都要向传球的方向伸展，这种身体姿势不仅有助于确保稳定和准确地传球，而且能够最大化地利用身体的动力。值得注意的是，传球方向的异侧手臂在侧传过程中起到了核心的作用，相比于传球方向的同侧手臂，异侧手臂的动作幅度、用力距离和动作速度都较大，这是因为这种差异性的手臂动作能够产生更大的动力，从而确保球顺利、迅速地传向目标方向。为了确保侧传的效果，球员还需要保持良好的手形，手的形状和位置在传球过程中起到了至关重要的作用，可以帮助球员更好地控制球的落点和速度。

二、传球技术的运用

在排球比赛中，传球技术主要用于组织进攻，即二传。二传不仅是连接防守与进攻的纽带，还是比赛中的决策核心。二传的好坏往往决定着战术的成功与否。二传质量好不仅可以弥补一传和防守的不足，还能利用策略性的假动作迷惑对手，为队友创造得分机会，巧妙地利用二传直接进行吊球攻击能够出乎对方的预料，实现突破。而二传质量欠佳将限制攻击手的发挥，降低战术配合的准确度，无法形成有效的进攻，可能导致队伍陷入被动，承受对方的强劲进攻。除了作为组织进攻的关键环节，传球技术也被广泛应用于接发球、吊球和第三次的球处理等方面。

在排球运动中，常用的二传技术包括顺网正面二传、调整二传、背向二传、侧向二传、传快球等。

（一）顺网正面二传

顺网正面二传是二传中基础且频繁使用的一种技术。这种传球技巧与正面传球的核心动作十分相似，它们之间的主要区别在于球员的身体方向。在进行顺网正面二传时，球员不会直接面向来球，而是稍微转向传球的方向，确保以正面的姿态将球按照网的方向进行传递。当球飞行的角度较大时，球员可以稍微偏向传球的方向，调整其击球点，在传球的过程中转动身体以确保球准确飞向目标。

面对高且接近网的来球，球员可以选择跳转的方式处理，但在不能跳转的场景中，球员需要伸直双膝和双臂以提高传球点。如果来球飞行较低，球员则需要采用下蹲的方式进行传球，由于此时身体姿势偏低，蹬地和全身伸展的力量被限制，因此传球主要依赖手臂、手指和手腕的动作来实现。在进行正面拉开球的动作时，球员应尽可能发挥下肢蹬地和全身协调伸展的力量，并结合上肢的推动动作。而在正面击中球的动作中，由于下肢伸展动作的幅度有限，球员更多地依赖于伸展肘部和利用手指、手腕的力量来完成传球动作。

（二）调整二传

调整二传是排球技术中的一种关键动作，主要用来解决因一传不到位或球距离网较远的情况。这种技术旨在将不便于进攻的困难球的位置调整为更容易进行扣打的位置，特别是向 2 或 4 号位传球。

当球员判断到球后，他们需要迅速移动到球的下方，确保身体尽量正对出球的方向。正确的传球角度至关重要，因为这可以确保出球的轨迹与球网之间的夹角尽可能小，这样不仅有利于进攻球员更容易扣球，还避免了将球传至与球网形成垂直轨迹的位置，那样会为对方创造防守的优势。在传球之前，为了做好用力传球的准备，球员需要尽量回收肘关节。在传球的瞬间，球员应当充分发挥从蹬地、展开身体到伸臂的全身协调力量，确保平稳地将球传出。考虑到扣球队员的进攻需求，调整二传的球弧线应稍微高一点，速度稍微慢一点。传出的球不应距离球网太近或太远，而是应该掉落在扣球队员前方的位置，为其创造一个理想的扣球机会。

（三）背向二传

背向二传可以利用球网全长增加进攻机会和进攻点。这种传球技术具有一定的隐蔽性和突然性，使对方在防守时很难预测和应对。

在进行背向二传之前，球员要移动到球的下方，确保背部面向传球的方向，在这种情况下，球员需要特别依赖于场地上的参照物（如球网）来确定自己的位置和预期的传球方向。球员也需要依赖于他们的“手感”来控制传球的角度、速度和预期的落点。对于不同的来球情况，背向二传有不同的技术要求。当进行背传拉开高球时，球员需要充分发挥挺胸、展腹和向上方提肩伸臂的动作来确保球的质量和准确性。对于较高的来球，击球点相对于正常的传球位置应该稍微后退；如果来球的轨迹比较平稳，击球点可以适当地向前移动。而面对较低的来球，球员应迅速地移动到球的下方，努力确保在最佳位置进行击球，以保证传球的质量。

（四）侧向二传

侧向二传是指二传队员背对球网向两侧传球，适用于那些近网或与网平行飞行的来球。侧向二传旨在增强进攻的隐蔽性和突然性，这也是二传吊球的一个常用技巧。由于这种传球是侧向进行的，其技术难度相对较大，对球的控制要求更为严格。

当二传队员准备进行侧向二传时，他们通常会采取一个稍微蹲下的姿势，站在球网的正面或背面。这种站位能帮助他们更好地判断和处理侧向的来球。为了确保传球的准确性和质量，击球的位置很关键，在进行侧向二传时，击球点应该稍微偏向预期传球方向的一侧，这样可以确保球以正确的角度和速度飞出，为队友创造理想的进攻机会。

（五）传快球

传快球是排球比赛中一种迅速和精确的传球技术，特点在于其较低的传出高度和快速的节奏。这种传球方式的技术难度相对较大，要求二传队员不仅要有出色的控球技术，还需要深入了解攻手的各种特点，如助跑节奏、起跳点、扣球高度和挥臂速度。

二传队员需要根据首次传球的多种因素判断传快球时的速度、高度和出手时间以及扣球队员的助跑路线、起跳时间和弹跳高度。为确保与扣球队员的准确配合，二传队员可以采取两种具体方法来调整传球时间和速度：一是改变击球点的高度，如在扣球队员起跳稍晚的情况下，有意降低击球点以延长传球时间，而在扣球队员起跳较早的情况下，可以提高击球点，加快传球节奏；二是通过调整手指和手腕的动作来控制球在手上的停留时间和传球速度。

在执行传快球时，二传队员的手臂、手腕和手指发力是关键，他们需要加快出手速度，并提高击球点，以确保传球的准确性，赢得时间和空间上的优势。总的来说，传快球是一种需要高度协调和技巧的技术，要求队员之间有良好的默契和出色的控球技巧。

三、传球的教学与训练

（一）教学过程

在传球方法的教学中，开始的教学重点应放在原地正面双手传球上，让学生先掌握这一基础技术。随着学生技能的增强，教师可以逐渐引入更为复杂的技术，如各种移动和改变来球方向的正面双手传球。在这个阶段，学生不仅要熟悉球的接触和控制，还要学会在移动中如何准确、迅速地传球。

正面传球是排球技术中的基石，为了使学生能够更全面地掌握传球技术，侧传和跳传的教学也可以与之配合进行，这样可以使学生在不同的场景和情境下都能灵活运用。而要进行远距离传球的教学，学生首先需要掌握传球的基本技巧和力量控制。顺网二传作为所有二传技术的核心，其重要性不言而喻，因此它应当得到充分的重视，教师需要为学生提供足够的练习时间，确保学生能够熟练掌握这一技能。当学生已经具备一定的传球和二传基础后，教学可以进一步深入，引入更为复杂的技术和配合，如结合接发球和接扣球进行的组织进攻的二传配合练习。

在进行传球教学时，开始阶段以讲解与示范为主。传球在比赛中的地位与作用是学生必须理解的基本概念。为了让学生清晰地把握传球技术，教师不仅要详细解释正面传球的动作方法和要领，还要让学生了解其他传球技术的特点及其在实战中的运用时机。在示范阶段，教师应先为学生展示完整的传球动作，以帮助学生建立正确的技术概念。接着，教师需要结合分解动作的示范，边讲解边展示，确保学生从细节上把握技术要领，这里的正面传球与侧面传球的示范可以互相结合，而手形和用力部分需要分开来示范，以确保学生对此有深入的理解。最后，教师需要再次进行正面和侧面传球的完整动作示范，加深学生的印象。

练习阶段则更注重实际操作。开始时，学生可以进行徒手模仿练习，这样既能熟悉动作流程，也方便教师进行指导和纠正。随后，教师可以加入球让学生进行有球练习，练习由短距离逐渐过渡到长距离，由原地传球逐渐转为移动传球，这样有助于学生逐渐熟悉并掌握传球技巧。结合实战练习则能让学生更好地将技术与实际比赛结合，提高应变能力。

在教学过程中，学生难免出现错误动作。对于这些错误动作，教师需要在练习中及时发现并进行纠正，确保学生能够正确、熟练地掌握传球技巧，为后续的排球技能学习打下坚实的基础。

（二）训练方法

1. 正面传球的练习方法

（1）徒手模仿练习。学生站成两列横队，随教师的口令模仿传球动作。在此过程中，学生不仅要注意自己的站位和手形，还要反复模仿传球时的手指和手腕动作。为了确保技能的稳固，教师可以让学生两人一组，其中一人进行模仿，另一人则承担纠正错误动作的责任。

（2）结合球的练习。学生每人一球，向自己的头顶上方抛球并用传球的手形接住，这样既可以练习抛球也可以自我检查手形。为了确保传球的稳定性和准确性，学生可以连续自传，并确保传球的高度不低于 50 厘米，在传球时尽量保持位置不变。距离墙 50 厘米进行连续的墙传练习也是一种有效的方法，它不仅能帮助学生建立正确的手形，还可以加深学生对手指和手腕发力的体会。当学生对单人练习较为熟练时，教师可以组织双人或多人的传球练习，两人一组，保持 3 ～ 4 米的距离，一方抛球，另一方传球。教师还可以让学生进行两人对传或三人三角传球的练习，这不仅能增强学生的传球能力，还能提高他们的合作与沟通技巧。

2. 顺网二传的练习方法

（1）一般二传练习。教师可以站在 5 或 6 号位并朝 3 号位抛球，让学生在 3 号位尝试向 4 或 2 号位传出不同高度和弧度的球，这样学生可以在实际操作中体验和调整传球的手法。教师也可以站在 6 号位抛球，让学生从 1 号位插上来，在接到球后迅速向 2、3、4 号位进行二传，这不仅锻炼了学生的动作反应能力，还增强了传球的准确性和稳定性。

（2）与一传的串联练习。教师可以组织 6 号位的学生垫起对区抛来的球到 3 号位，然后由 3 号位的学生将球传至前排的不同位置。教师还可以让学生模拟从后排插上的动作，让学生接住从 6 号位垫到的球，然后迅速传向前排。这样的练习可以培养学生的移动能力和场上的觉察力。

（3）与防守的串联练习。教师可以让3号位的学生向5号位扣球，5号位的学生再将球垫回到3号位，3号位的学生迅速组织进攻。这种练习不仅能够锻炼学生的二传技术，还可以提高学生的实战反应能力和团队协作意识。

（三）传球技术训练时应注意的问题

1.兼顾二传队员与扣球队员的传球技术训练

传球技术训练的重点应放在二传队员上，因为他们在比赛中的主要职责就是准确地将球传给扣球队员。但这并不意味着我们可以忽视扣球队员的传球训练。尽管扣球队员在比赛中使用传球的机会相对较少，但他们的传球技巧同样至关重要，特别是对于身材高大的扣球队员，他们可能会面临更大的挑战（如在移动中调整身体和球的位置），因此对扣球队员的传球技术训练要求应该和二传队员一样高。

2.注意经常在移动的环境中进行传球训练

在真实的比赛环境中，传球往往是在移动的环境中进行的。无论是插上进行二传，还是进行调整传球，队员都需要在移动的环境中迅速调整身体的位置，确保传球的准确性。因此，移动传球训练应该被纳入日常训练的核心内容，帮助学生适应这种快节奏的传球方式。

3.注意结合球网进行训练

为了使传球训练更具有实战意义，教师应该引导学生结合球网进行传球训练。因为在实际比赛中，二传队员在传球时必须时刻考虑与球网的距离和角度，以确保球能准确地传到扣球队员的位置。利用球网作为传球的参照物可以帮助学生更好地理解传球的方向和力度，使训练效果更加接近比赛实际。

4.重视二传队员的跳传训练

跳传已经成为现代排球比赛中不可或缺的技术环节，它是组织快速转变战术和二传队员执行二次进攻的基础。因此，跳传训练必须被纳入二传队员的常规技术训练内容之中。

5. 既要结合球练习又要单独练习

与扣球队员结合的传球训练虽然是常规的二传技术训练方式，但它可能会降低训练的难度和密度。因此，即使是技术纯熟的二传队员，也应有针对性地进行单独的基本功训练，保证其二传技能始终处于巅峰状态。

第三节　发球技术教学与训练

发球是排球比赛中开启每轮得分机会的关键技术，它不仅是比赛的起点，更是制定比赛节奏、施压对手的重要武器。随着排球运动的演变，发球的技巧和战术应用已经变得越来越复杂。因此，对于排球选手来说，无论是新手还是老手，都需要系统地学习和掌握这一技术。

一、发球的作用与特点

（一）发球的作用

在排球比赛中，发球是比赛的开端，标志着对抗的开始。不同于其他技术，排球运动的发球不会受到对手直接的影响或干扰，运动员可以根据自己的战术意图，灵活地选择合适的发球方式。在发球阶段，排球选手拥有最大化的判断和决策自由，但这并不是说运动员可以随意发球，他们也需要遵守发球规则。常见的发球犯规有：发球顺序弄错；在未完全抛起球或手还未完全离开球时就开始发球；在起跳或击球时，发球者的脚触碰到端线或发球区域之外的地方；在主裁判吹哨后的 8 秒内没有发出球；使用双手进行发球、单手抛出球或抛起球却没有击打；球没有飞越网或没有落入对方球场。发球犯规的判断主要由主裁判和边裁负责，而主裁判的决定是最终的裁决。因此，掌握正确的发球技术与规则对于后期的战术训练具有十分重要的作用。一次准确且具有攻击性的发球不仅可以为球队带来得分机会，还能有效地破坏对方的战术组织，这种先发制人的策略不仅有助于球队从比赛开始就取得主动，还可以让球队摆脱在比赛中的被动局面。当发球具有攻击性时，它不仅能为全队注入活力、振奋精神，还可以在更大范围内扩大比赛的优势。具有攻击性的发球还能挫败对手的斗志，使其计划混乱，并在心理层面对其施加巨大的压力。发球不仅需要具备攻击性，还要具备准确性和稳定性，因为发球失误不仅意味着失去发球权，还可能导致丢分，这无疑会给对方创造机会，为本方的防守带来挑战。

（二）发球的特点

发球具有一定的灵活性。发球成败的影响因素主要是发球员的技术熟练程度和他们的选择。球员在场地上选择发球的站位是相对自由的，不受距离的限制。为了适应不同的比赛策略和应对不同的对手，球员在发球时有多种技术可供选择，他们可以采用正面、侧面、上手或下手的方式，并选择助跑或起跳发球；而在击球的手法上，球员也可以灵活运用全手掌、掌根、半握拳、虎口和腕部。需要注意的是，发球有一个8秒的时间限制，球员需要在这个时间内完成发球动作。完成发球后，球员应迅速进入场地，融入比赛的节奏，为下一轮的比赛做好准备。

二、发球的种类与技术分析

排球运动的发球技术丰富多样，主要取决于球的飞行特性。通常，这些发球方式可以根据球在空中的旋转性质被划分为飘球和旋转球。飘球主要有正面上手发飘球、勾手发飘球、跳发飘球，旋转球主要有正面上手发球、正面下手发球、侧面下手发球、跳发球、勾手大力发球、侧旋球、高吊球等。因篇幅有限，下面就简要分析其中几种较为常用的发球技术。

（一）正面上手发球及其技术分析

正面上手发球是一种基础的排球运动发球技术，它的特点在于运动员正面对向球网站立，这样做既便于观察对方的部署，又能确保发球的准确性。由于可以充分地运用身体的蹬地、转体、收腹等动作来配合手臂的加速挥动，再结合手腕和手指的推压，这种发球方式不仅可以增强球的速度和力量，还可以使球产生前旋，从而降低球出界的可能性。

动作的具体执行如下：运动员面向球网，自然站立，通常是左脚稍前，左手平稳地持球在身体前方，将球垂直抛到右肩前上方，确保抛球的高度适中；随后，右臂快速后摆，上体轻微右转，准备进行击球；在击球瞬间，运动员通过蹬地和身体的转动以及腹部的收紧，驱动手臂快速前摆；当球抛至最高点时，运动员应利用整个手掌（特别是手掌的中下部）击中球，此时手指应自然张开并与球紧密配合，手腕要进行迅速的推压，使球在飞行中形成前旋。值得注意的是，这种发球方式通常由左手抛球起动，但也可以由右手或双手抛球。为了进一步增强发球的威力和攻击性，有些运动员会采取前进一步或多步的方式来进行正面上手发球。

正面上手发球的准备姿势要求左脚在前，这样的站位有助于右臂的后引，使身体能够自然后转，方便运动员向左转体挥臂击球。抛球动作对于发球来说至关重要，一个平稳且准确的抛球能确保击球的高准确性，抛得过前可能导致球难以过网，运动员难以利用身体的转体和收腹力量，抛得过高会影响击球时机，过低的抛球则会使运动员来不及进行完整的挥臂动作。在挥臂的动作中，前肘关节的后引可以使胸腹和手臂的部分肌肉拉长，有助于积累一定的弹性势能，还能延长挥臂的路径，加快转体和挥臂的速度，从而增强击球的力量。转体和收腹的同时发力将身体的动力从腰部传递到肩部，再到上臂、前臂和手腕，直至手掌，这样的连续传递能确保手在击球时获得最大的速度。两脚同时蹬地有助于上体向前的快速运动，从而加快手臂的挥动速度，增大击球的力量。在击球的瞬间，全手掌与球的中下部接触，这不仅能增大击球的面积，还能延长手在球上的作用时间，使球更易被控制。手腕的推压动作使球能够呈现前旋飞行，这样的飞行轨迹更稳定，不易飞出界外。

（二）勾手发飘球及其技术分析

勾手发飘球简称勾手飘球或勾飘，是一种独特的排球运动发球技术。勾手的概念来源于手臂进行的侧向大回转挥动，发飘球则意味着发出的球在空中不旋转并展现出不规则的飘动轨迹。与其他发球技术相比，勾手发飘球的显著特点是它不仅可以利用手臂的力量，还能借助下肢和腰部的动力，因此这种发球方式不仅适用于近距离发球，还非常适合于远距离发球。

在勾手发飘球的动作方法中，运动员侧面对向球网，两脚自然分开站立，左手持球于胸前，然后将球抛向左肩前上方，大约高出一个手臂的长度。击球时，右脚蹬地，上半身向左转动，从而带动手臂进行有力的挥动。手臂在击球前应保持一段时间的直线挥动，并在最关键的击球瞬间进行突然加速。为确保球体飘动，运动员需五指并拢，手腕后仰并保持紧张状态，手臂在击球后会呈现明显的突然停止动作。

从技术层面来看，蹬地和上体的转动动力使手臂可以加速挥动，减轻了肩关节的负担，使运动员能发出更远距离的飘球。掌根击打球的中下部可以实现小面积、集中且短促的力量输出，从而更容易造成球的飘动。勾手发飘球的击球点并不是手臂完全伸直的最高点，这样可以确保手臂在击球之前维持直线挥动，使施加到球上的力能够穿过球的重心，从而确保球不会旋转。

（三）正面下手发球及其技术分析

正面下手发球也是排球运动中的基础发球技术，它的主要特点是运动员正面对准球网，通过手臂的前摆动作，在腹前将球击入对方场区。由于其动作相对简单，这种发球方式特别适合初学者学习和实践。

执行正面下手发球时，运动员首先应确保站位正确：面朝球网，双脚前后错开，左脚稍微前置，双膝略微弯曲，保持身体稳定，上半身略微前倾，但要确保身体的重心偏向后脚，为接下来的发球动作做准备。持球的方式也至关重要，运动员需使用左手将球稳稳地持于腹前，然后轻轻地抛起。值得注意的是，抛球的位置应该在体前的右侧，高度大约为 20 厘米。抛球的动作与右臂的摆动应该是同步的：当球离手时，右臂应该伸直，并且以肩为中心向后摆动。接下来，借助右脚的蹬地力量，身体的重心会随着右手向前摆动和击球的动作逐渐移至前脚。击球的具体部位可以选择全手掌、掌根或是虎口部位，并确保打击的是球的中下方，这样球不仅可以成功越过网，还可以保持稳定的飞行轨迹，给对方带来一定的威胁。

三、发球的教学与训练

（一）发球的教学过程

在高校排球教学中，发球不仅是开始比赛的第一步，还是进攻和防守转换的关键环节。由于发球技术种类众多，其动作的难易程度各不相同，因此教师在教学中应特别关注学生的水平和性别差异。为了更好地针对不同层次的学生，教师应当根据学生的特点来选择适当的教学内容，并确定合理的教学顺序。

为了使学生更加深入理解发球技术，教师在教学过程中可以穿插旋转球和飘球的教学内容。这种交叉式的教学方法不仅能够丰富课堂内容，还能帮助学生从不同角度掌握技术要领，进一步强化学生对发球动作的认知。

在教学过程中，教师首先要明确发球在比赛中的重要性。教师可以将学生分为两排，站在发球区的两侧；教师则站在发球区内部，不仅要进行完整的发球动作示范，还需要在讲解的同时展示分解的动作。这种由整体到局部再从局部到整体的教学方法有助于学生更清晰、系统地理解发球的技术要点。教师应组织学生进行各种形式的练习：可以先让学生进行徒手练习，模拟发球动作；再让学生在有球的情境下进行训练，使学生逐渐熟悉真实的发球感觉；接着可以引入球网，让学生在更接近比赛的环境中进行练习；最后可以通过小型比赛或对抗帮助学生巩固和应用所学的技能。在整个教学过程中，教师需要持续观察学生的发球动作，对出现的错误进行及时纠正，确保学生能够正确、熟练地掌握发球技术，为未来的比赛和训练打下坚实的基础。

（二）发球的训练方法

在高校排球教学中，发球作为比赛的起始技术，对学生掌握排球比赛规则和技术有着至关重要的作用。为了更好地教授和训练学生掌握发球技术，教师可采用以下几种训练方法。

1.徒手练习

徒手练习是初学者开始接触排球发球的最基础训练方法。教师可以引导学生通过徒手模仿发球动作，重复练习，从而熟悉发球的基本技术动作，如挥臂、腕部的摆动和手部的击打方式。教师应先确保学生对排球发球的基本概念有所了解，接着让学生徒手模仿发球挥臂的动作，让他们通过这种模仿来体会发球时的用力顺序。在此过程中，学生需要深入体验挥臂的轨迹，注意调整挥臂的方向和速度，以确保能够更准确地模拟实际发球的动作。之后，教师可以指导学生进行抛球挥臂击球的模拟，学生首先要确保自己是正确的准备姿势，接着将左手置于预想的击球点位置，右手开始模拟挥臂和击球的动作，目标是“击中”左手掌上的“球”。这样的模拟不仅能让学生体会到正确的击球手法和击球部位，还能锻炼他们抛球、挥臂、击球三者之间的协调性。

2. 抛球练习

原地抛球手法练习是初级阶段的基础练习。教师需要指导学生扎稳脚跟，掌心向上平稳地托送球，这样既能帮助学生掌握正确的抛球手法，又能让学生体会到抛球的位置和高度。在这个过程中，教师应随时观察学生的抛球动作，确保其姿势的准确性和稳定性。为了进一步提高学生的抛球准确性，教师还可以组织固定目标的抛球练习，这时学生需站在网或墙边，手持排球，通过利用球网或墙壁的适当高度作为参考标记，学生可以更有目标地练习抛球，努力提高抛球的准确性。这一练习可以让学生更好地掌握抛球的力度和方向，为之后的发球打下坚实的基础。

为了确保抛球动作与挥臂动作的连贯性，教师还应组织抛球、抬臂和引臂的配合练习，此时学生需要在体会抛球的位置和高度的基础上，进一步练习振臂引臂的连贯动作，确保动作流畅，能够更加自然地完成整个发球动作。

3. 击固定球练习

在进行击固定球练习时，教师可以先引导学生进行模仿发球挥臂动作击固定球的练习。教师可以指定一名学生双手持球置于腹前或头上，另一名学生则尝试进行挥臂击球，但不真正将球击出。这样的练习方式让学生能够更直观地体会到击球部位和手法，并在教师的直接指导下对动作进行微调。

之后，教师可以引导学生进行击固定球或吊球的练习。学生需要将球按在墙上或将球吊在空中进行击打，这要求学生能够更加专注于挥臂动作、击球手法、击球点和击球部位。此时，教师应关注学生的每一个动作，确保学生正确地完成每一个细节，并给予及时的反馈和指导。为了进一步加强学生的实战能力，教师可以引导学生进行两人对击的练习。在这个练习中，学生以三人为一组进行对击，其中一名学生持球，而另外两名学生面对面站立，做好发球的准备姿势，尝试同时做出击球动作击中持球者手中的球。这不仅可以让学生体会到挥臂击球时的肌肉用力感，还能加强他们的配合和团队合作。

4. 抛击结合练习

在进行抛击结合练习时，教师可以先指导学生进行抛球与挥臂击球练习。在此过程中，学生需要结合抛球、引臂和挥臂击球进行练习，但无须真正将球击出。这样的练习有助于学生更好地理解并体会整个动作流程的协调配合。教师在此阶段应密切观察学生的每一个动作，确保学生能够顺畅地完成整个动作序列，并给予必要的指导和反馈。

接下来，学生可以向墙或球网进行抛球与挥臂击球的练习。这样的练习环境能帮助学生更直观地体会抛球与手臂挥摆的配合以及击球手法的用力感。教师在此阶段可以提供更具体的指导，如如何正确地引臂、如何调整挥臂的角度和速度等。

最后，教师可以让学生站在两条边线上进行对发球的练习或隔网进行对发球的练习，这样能够进一步增强学生的实战感知。学生需要先站在距球网 6 米左右处进行练习，然后逐渐拉长到 9 米或更远的距离，这样学生不仅能够体会到挥臂的路线与正确的击球部位，还能锻炼自己控制球的力量与弧度的能力。教师在此阶段应鼓励学生根据自己的感觉进行调整，同时为学生提供策略和技巧，帮助他们更好地完成练习。

5. 巩固和提高练习

巩固发球练习是为了让学生在一个相对稳定的环境中对前面所学的发球技术进行复习。在这一环节，三人组成的小组是一个很好的实践形式。三人中，一名学生发球，距离发球者约 12 米的位置站着接发球者，第三名学生站在接发球者的右前方，进行二传。这样的设置旨在模拟真实比赛中的场景，让学生体会到发球、接发球和二传之间的连贯性。每完成一定次数后，三人交换位置，确保每个人都得到充分的练习。

为了提高发球的准确性，教师可以利用场地的特点，将对方场区进行划分，如分成左右或前后部分，或指定某个区域。学生可以进行点线结合的练习，旨在提高他们的目标感知和控制能力。这样的练习可以帮助学生更加准确地控制球的方向和力度。

发球攻击性练习更注重技术的提升。在掌握了准确性的基础上，学生需要调整他们的发球策略，降低发出球的弧度，加大力度，增快速度，使发球更具有攻击性。教师可以指导学生针对场地的“三角区”或1、5号边角等特定位置进行练习，挑战学生的技术极限。

（三）发球技术训练时应注意的问题

1.训练的内容安排需要根据学生的技能水平逐渐深入

教学内容要从最基础的下手发球开始，然后逐渐介绍上手发球和飘球，最后进行更为复杂的技术（如勾手大力发球等）教学。这样的安排不仅可以确保技术的稳步进展，还可以使学生不会因难度过大而产生一定的挫败感。

2.对教材的选择应有所区别和侧重

考虑到男女学生的生理差异，教材的选择应当有所区分。例如，对于女生，所选教材可以更多地介绍侧面下手发球和勾手飘球，男生则可以主要学习正面下手发球和上手飘球。

3.规范化的发球技术动作是训练的重点

无论是站位、抛球、挥臂还是击球，每一个环节都要严格要求，确保学生能够在实际比赛中稳定发挥。

4.教学应抓住关键和难点

抛球与挥臂击球的协调配合以及击球的准确性是发球技术的核心。这两点既是关键，也是难点，需要教师特别强调并让学生多次练习。

5.合理安排发球教学与练习时间

每堂课都应留出一定的时间来练习发球技术。在不同时间段进行练习可以确保学生对发球技术的掌握更为牢固。

6. 注重加强心理训练

学生在发球时应保持冷静，具备稳定的情绪和充分的自信。在比赛关键时刻，能够保持冷静并准确发球既体现了学生的技术水平，也体现了其心理素质。

第四节　垫球技术教学与训练

垫球又被称为“扣地球”或“接发球”，是排球运动中的一项基本技术。随着时间的推移，排球运动不断进步，垫球技术也在不断创新与完善。从20世纪50年代开始，垫球技术日渐丰富，诸如虎口垫球、抱拳垫球和翘腕垫球等应运而生。到了20世纪60年代，随着飘球技术的普及，前臂垫球技术开始出现。技术的进步使得垫球的动作和技巧更为多元和科学。

一、垫球的作用

在排球比赛中，垫球技术扮演着至关重要的角色，它不仅可以用于接发球、接扣球和接拦回球，还是比赛中防守和进攻策略的基石。有效的接发球能够为队伍创造有效的进攻机会，不佳的接发球则可能导致失分，使比赛陷入被动。精确的接扣球有助于团队迅速组织防守和反击。妥善处理接拦回球则能够帮助队伍从被动态势中转为主动，从而掌控比赛节奏。通过有效的垫球，队伍可以在比赛中减少失分的风险，增加得分的机会。

垫球在维持和稳定队员的心态方面也发挥了关键作用。成功的垫球可以稳定队员的情绪，减少焦虑和紧张，并鼓舞团队士气，使队员更加自信、更有决心去迎接接下来的挑战。

除了作为接球的主要方式，垫球在某些情境下还扮演了组织进攻的角色。当球队在传球环节遭遇困难时，垫球能够弥补这一短板，为队伍创造新的进攻机会，确保比赛的连续性，并最大限度地发挥每一个机会的进攻价值。

简而言之，垫球不仅可以为队伍带来得分机会，还能够减少失分风险，是控制比赛、稳定队员情绪、提高团队士气的关键技巧。当传球技术受限时，垫球也可以成为组织进攻的有效手段。

二、垫球的种类与技术分析

根据倒地与否，垫球主要分为非倒地垫球和倒地垫球。其中，非倒地垫球包括正面垫球、背向垫球、体侧垫球、低姿垫球、半跪垫球、跨步垫球、单手垫球、挡球等；倒地垫球包括侧卧垫球、滚翻垫球、前扑垫球、鱼跃垫球、肘滑鱼跃垫球、虎跃垫球等。下面主要讨论几种较为基础和常见的垫球技术及其动作方法。

（一）正面双手垫球

在进行正面双手垫球时，运动员需移动到合适的位置确保正对来球，同时双脚为前后半蹲站立，确保稳定。身体重心略微前倾，双臂自然弯曲，位置在腹前，准备迎击。

随着来球飞近，运动员需迅速地使两手掌部重叠，掌心紧靠，像是在合掌，两个大拇指平行伸出。此时手臂需要伸直，前臂紧挨，通过下压手腕，两前臂外侧形成一个平坦的面，为垫击球的后下部做准备。运动员需确保击球的位置正好在腹前，这样更容易控制垫球的力量和方向。

当球飞到合适的位置时，运动员需双臂紧挨并向前伸展，快速移至球的下方，并利用双腿蹬地的力量、腰部的转动以及手臂的上抬动作，将球精准地垫向前上方。在这一过程中，两前臂必须紧挨并保持水平，肩部则要稍微放松，确保整个动作的流畅性和准确性。对于快速到来的球，运动员主要依靠球的反弹力进行垫球，此时运动员不需要太大的上抬动作，手臂也需要保持一定的放松度。而对于力量较大的来球，运动员要特别注意用曲肘和随球的后撤动作来缓冲球的冲击力，以确保垫球的稳定和准确。

在正面双手垫球技术中，手形的选择至关重要。除了常见的叠指式手形，还有抱拳式和互靠式两种。抱拳式的形成方法是双手呈抱拳状并紧密互握，两个拇指平行延伸向前，两掌根紧挨，伴随小臂的外旋，通过下压手腕，使前臂部分构成一个适合垫球的平面。互靠式则是通过将两手的腕部紧密相靠来实现，垫球在这种手形中，双手保持自然且放松的状态，通过手腕的下压和前臂的外翻动作，前臂同样能形成一个用于垫球的平面。

（二）背向垫球

背向垫球是运动员背对即将垫出的球的方向并从身体前部向背部垫球时使用的一种技巧。在实际比赛中，这种垫球方式常常出现在当球飞得太远使运动员无法进行正面的调整传球或者在需要第三次处理球越过网时。

在执行背向垫球的过程中，运动员需要迅速地移动到球的预计落点，此时他们的背部应对准出球的方向，两臂应夹紧并伸直，确保击球点位置高于肩膀。为了确保球的方向和力量，运动员在垫球时要注意身体的姿势，他们需要抬头、挺胸、展开腹部并稍微后仰。随后，他们将伸直的双臂向后上方摆动，完成整个垫球动作，确保球得以有效地传出。

（三）体侧垫球

在排球运动中，体侧垫球是一种特定的应急垫球方式，用于处理那些运动员来不及移动对正的来球。例如，当球从右侧飞来时，运动员会迅速地用右脚向右跨出一步，为身体提供稳定支撑，同时双臂夹紧并向右侧伸出，为接下来的垫球动作做准备。为了更好地接触并控制球，运动员会稍微地倾斜左肩，然后利用向左转的腰部和收腹的动作来配合双臂，从右后方截断球的飞行路线并将其垫起。在这一过程中，运动员需要注意不要随球摆动臂膀，这样可以避免失误和不必要的力量消耗。

虽然体侧垫球能够扩大运动员的控制范围，让他们在一些紧急情况下成功地处理球，但用这种方式控制垫球的方向相对困难。因此，当有足够的时间和空间进行移动时，运动员应优先考虑使用正面垫球技术，这样更有助于提高传球的准确性。

（四）跨步垫球

跨步垫球主要用于处理那些落点距离身体一步左右的来球。面对这样的球，运动员需要迅速判断球的落点，然后向前方或侧方迅速跨出一大步，确保可以有效地接触到球。在跨步的瞬间，运动员的膝盖会微微弯曲以制动，而重心主要集中在跨出的那只腿上，这有助于保持身体的平衡并为接下来的垫球动作提供稳定的支撑。

随着身体的移动和重心的转移，上半身也相应前倾，使双臂得以迅速下降并前伸。这样，当来球接近时，双臂已经准备好伸入球的下方，利用前臂的部分接触并垫起球的后下区域。这一系列的动作（从跨步、伸臂到垫击球）需要高度的协调性和连贯性，以确保球被准确地垫起。根据来球的力量和飞行轨迹，运动员还需恰当地运用抬臂的动作，以便更好地控制垫球的方向和力度。

（五）挡球

在面对高度较高的来球并且难以用手臂进行垫击的情境下，运动员通常会采用胸部以上的挡球技术来应对。这种击球动作根据其实际操作方式，可以分为双手挡球和单手挡球。双手挡球在面对速度快、力量大且在胸部以上的来球时，它的效果尤为明显。而当来球的位置位于头部的上方或侧上方并且其力量相对较小时，单手挡球的方式更为适用。善于使用挡球技巧的运动员可以在前场进行更积极的前压防守，从而大大提升前区的防守效果。这种技术不仅能够帮助队员更好地控制比赛的节奏，还能扩大控制球的范围。

在双手挡球的实际操作中，运动员通常采用抱拳式和并掌式两种不同的手形。在抱拳式中，两肘呈弯曲状，一只手半握成拳，另一只手则将其外包。并掌式的特点是两肘弯曲，两手的虎口交叉，双手合并形成勺状，两臂外侧指向前方。无论哪种手形，当挡球时，运动员都会屈肘上举，使肘部指向前方，手腕呈后仰状，球应被双手掌的外侧或掌根所组成的平面挡住，具体是击中球的中下部。在这个过程中，手腕的紧张程度和用力的大小都需要特别注意。

对于单手挡球的技巧，其核心动作与双手挡球类似，也是屈肘、肘部向前和手腕后仰，但其击球部位则是手掌掌根或拳心的平面，也是击中球的中下部。特别地，如果来球位置较高，选手甚至可以选择跳起进行挡球。

（六）前扑、鱼跃、滚翻垫球

在排球比赛中，当面对弧度低、速度快、距离远的来球时，运动员常采用前扑、鱼跃和滚翻等特殊的移动姿势进行应对。这些特殊的移动姿势结合双手或单手垫球的技巧，能够显著扩大防守范围，特别是在救那些速度快且飞行轨迹低的险球时具有绝对的优势。要想成功执行这些动作，运动员不仅需要拥有勇敢和顽强的精神，还必须具备高度的灵敏度、速度、力量等身体素质以及熟练的垫球技术。

在上肢的动作结构方面，这些特殊移动姿势的垫球动作与传统的正面双手垫球相似。但在某些情况下，运动员可能也会选择单臂垫球。当采用单臂垫球技巧时，运动员会进一步扩大上肢的前伸和上旋动作幅度，以增加防守范围。运动员还可以利用虎口或手背来击打球的后下部，从而扩展垫球的范围。但值得注意的是，由于单臂或单手击球的接触面积相对较小，运动员控制球的精确度可能会下降。因此，通常情况下，只有在无法采用双手垫球的情境中，运动员才会选择使用单手或单臂垫球。

三、垫球的教学与训练

（一）教学过程

由于垫球技术的种类众多且使用场合广泛，教学过程中教师需要因材施教，针对学生的具体情况，结合动作的结构与难度进行由浅入深的教材安排。教学开始时，教师可以让学生先进行基础的原地双手垫球，然后拓展到侧垫、低姿垫球和跨步垫球等技术。当学生在固定位置和移动中的垫球技术都达到了一定的熟练程度后，教师可以引导学生学习接发球和接扣球等技术。如果教学时间允许并且学生的基本技术稳固，教师还可以进一步教授背垫、挡球以及滚翻、前扑、鱼跃等高难度的防守垫球技术。

在教学过程中，讲解与示范是两个不可或缺的环节。在讲解阶段，教师需要向学生阐明垫球技术在排球比赛中的重要作用，详细讲解技术的特点及动作要领，如手形、垫击部位、击球点、手臂角度以及身体各部位的协调用力动作等。示范阶段是为了让学生直观地理解和记忆这些技术动作。教师应先展示完整的垫球动作，帮助学生形成整体的技术概念，再将动作进行分解展示。教师在侧面进行示范时，重点是让学生观察身体的协调动作；而在正面示范时，教师需要强调手形和垫击部位的动作。教师还应该巧妙地结合正面和侧面的示范，使学生从不同角度全面了解技术动作。

为了确保学生能够系统地掌握和运用所学技术，教师还需设计合理的练习顺序，从简单的徒手试做，到固定球的垫击，再到垫抛球和移动垫球的练习，每一步都旨在巩固和提升学生的技术水平。学生可以进一步练习接发球和接扣球技术，最终通过结合教学比赛和各种串联练习，使技能得到全面的锻炼和提升。

（二）训练方法

垫球技术的训练方法主要包括以下几种。

1. 徒手试做

当教师开始教授垫球技术时，首要任务是确保学生能够掌握正确的手形。教师要指导学生展示自己的手形，并对每一个学生进行逐一的检查和纠正。这一阶段的目的是确保学生在垫球时，手部的形态能够达到最佳状态，为后续的动作提供稳固的基础。当学生基本掌握了正确的手形之后，教师应指导学生尝试完成整体的垫球动作。在初始的练习中，教师需要让学生在原地进行垫球的徒手练习，使学生能够在一个固定的位置全心全意地体验和练习垫球动作，熟悉每个动作的细节。随着学生对原地垫球动作的逐渐熟练，教学会逐步过渡到移动垫球的练习环节。在移动垫球的徒手练习中，学生需要根据教师的手势提示，做出向前、后、左、右的移动垫球动作。这一阶段不仅要求学生熟悉和掌握垫球的基本动作，还需要学生能够灵活地应对各种移动情境，确保在移动中依然能够完成准确的垫球。

在整个徒手试做的过程中，教师应不断强调垫球动作中的关键环节，如“插”“夹”“提肘”的动作和感觉。这些动作的细节和肌肉的感觉对于学生正确、稳定地完成垫球至关重要。

2. 结合球练习

开始时，教师需要组织学生进行垫击固定球的练习。在这个练习中，一名学生需要双手持球站立在原地，将球固定在腹前的位置；另一名学生则站在适当的位置，对着这个固定的球做出垫球的动作，尝试体会正确的击球点与手形。这一练习使学生能够在一个相对简单的环境中专注于垫球动作的每一个细节。

随后，教师要组织学生进行两人垫球的练习。在这个练习中，两名学生需要相距大约 4 米，其中一人先抛球，另一人则进行垫球。当两名学生都能够相对稳定地完成这一动作之后，他们可以开始进行互相对垫的练习。这一过程中，学生不仅需要掌握垫球的技术，还需要学会与他人的配合，确保球的传递能够连贯而准确。

为了让学生更加熟悉不同的垫球情境，教师还应逐步变化练习的难度，如改变垫球的高度、传球的距离或增加垫球的人数。在这些练习中，学生需要体会力量和角度是如何影响球的飞行方向和落点的，这不仅能够帮助学生更好地掌握垫球技术，还能让他们更加适应真实比赛中的各种情境。

3. 接发球垫球练习

首先，教师可以组织学生进行两人接发球垫球练习。两名学生间相距 7 ～ 8 米，其中一人投掷球，另一人进行垫球。随着练习的进行，教学可以逐步过渡到更加复杂的发球技巧，如下手发球、上手发球的一般旋转球以及发飘球。无论采取何种发球方式，垫球者都需要确保将球垫至假设的二传位置。

接下来，教师可以进一步扩大学生的练习范围，组织三人一组的接发球练习。在练习过程中，一人负责发球，一人垫球，另一人则需要利用供扣球的垫球弧度将球垫给发球者。这种练习方式要求学生之间更好地配合，也能够让他们体验不同角度和弧度下的垫球技术。

为了进一步模拟比赛中的真实情境，教师还应组织学生进行隔网接发球练习。在这个练习中，两名学生需要隔着网进行发球和垫球。垫球者需要注重自己的准备姿势，提前判断球的飞行轨迹，合理移动位置，确保自己的手臂平面与垫球的方向一致，并注意控制垫球的力量和落点。

为了让学生能够适应各种不同性质的发球，教师可以选择一些发球技术较好的学生，让他们发出多种性质的球，组织其他学生进行接发球练习。这样的练习方式能够大大提高学生的应变能力和实战技巧。

4. 接扣球、吊球练习

教师可以先组织学生进行一扣一垫或一扣二垫的练习，也可以组织三人以上进行扣、垫、调的练习。这样的练习不仅可以让学生熟悉接扣球和吊球的技巧，也能够锻炼他们与队员之间的配合，尤其是在垫球和吊球时的相互协作。

为了进一步加强学生的实战应用能力，教师还可以组织混合防守练习。在这个环节中，教师需要连续进行扣球或吊球，而场上的两或三名学生需要在移动中进行防守，并对二传进行调整。这个练习要求学生首先确保将球垫起，然后再确保球的稳定性和准确性。队员间的位置调整和互相补位也是关键，学生需要在接到球后迅速恢复到原位。这一练习的节奏由教师掌控，确保每位学生都能参与到练习中，得到充分的锻炼。

为模拟比赛中的真实情况，教师还应组织学生进行接对面扣球和吊球练习。在练习过程中，三名学生按照场上的位置进行防守，教师隔着网进行扣球或吊球，学生则要进行定位防守，确保将球垫到网前的二传位置。

（三）训练中需要注意的问题

1. 加强准备姿势、起动、移动步法的综合练习

在教学过程中，学生不仅要加强准备姿势、起动、移动步法等基础动作的综合练习，还要确保这些基础动作与垫球技术的紧密结合。此外，学生要警惕一种常见现象，即过分重视手的动作而忽略脚步移动。

2. 将发球和接发球这两项技术视为一个整体

我们不能孤立地看待发球和接发球这两项技术，它们是相辅相成的，因此在教学中，教师应当把它们结合起来，以此达到相互提升的效果，特别是考虑到接发球在进攻组织中的关键作用。教师应重点指导学生如何提高手臂控制球的能力，确保球的方向和力量都得到恰当控制。

3. 强调做好防守的判断，加强起动和移动步法练习

在接扣球技术的教学中，教师不仅让学生熟练掌握手的技巧，还要教导他们如何观察、判断即将来袭的球，并迅速做出反应。为了达到这

一目标，教师应该强调防守的判断和准备姿势，并确保学生充分练习起动和移动步法，避免过于偏重手的技巧。

4.将垫球与其他技术和战术相结合

随着学生垫球技术的逐步提高，教师应该将垫球与其他技术和战术结合，培养学生在实战中的应用能力。这不仅能增强学生的技术运用能力，还能帮助他们培养战术意识和与队友的默契配合，为之后的比赛或更高层次的训练打下坚实的基础。

第五节　扣球技术教学与训练

扣球是指运动员跳跃至空中，并用手的上方猛烈地击打排球，使球快速穿越球网并下落到对方场地的一种击球方法。

随着排球运动的发展，扣球技术也在不断创新和提高。在20世纪50年代，排球运动中的扣球方式相对单一，主要是正面扣球和勾手扣球，快球在当时的攻势中仅限于近体快球和半快球。随着人们对这项运动理解的深入和技术的研究，20世纪60年代我国出现了创新性的“平拉开快球”，这一变革不仅增强了扣球的攻击性，还丰富了扣球的技术内容。20世纪70年代，扣球技术蓬勃发展，出现了一系列新颖的扣球方式，如“短平快”“背平快”“时间差”等。在此基础上，我国进一步开发出“空间差扣球”技术，包括前飞、背飞、拉三、拉四等自我掩护的扣球，结合单脚起跳扣球和快抹球技术，我国的扣球进攻更为多变、有力，进攻战术也因此变得更加丰富。20世纪80年代，扣球技术的发展不再受传统队员位置分工的束缚，立体进攻配合被广大球队采纳。这一策略充分地利用了球场的网长和纵深空间，实现了前、后排的完美融合。变向、变步的助跑起跳方法为扣球带来了更高的高度、更快的速度和更强的力量，同时融入了各种假动作，使扣球技术更趋于完善和成熟。

扣球在排球运动中发挥着不可或缺的重要作用，它是排球运动的基本技术之一，是技术中最具攻击性的技术，是球队得分的主要手段。一个队伍如果能够成功地进行扣球，不仅能够争取到比赛的主动权，还可以鼓舞自己的士气，抑制对方的斗志。这种积极、主动的攻势使扣球成为一支队伍摆脱被动局面、增强比赛气氛的有力武器。扣球之所以具有强烈的攻击性，是因为它独特的技术特点：击球点高、速度快、力量大、变化多样。运动员可以通过扣球技巧，利用不同的角度、时机和速度发动攻击，打出具有不同特性和落点的球，增加对方接球的难度。

一、扣球的技术动作

按照不同的划分标准，扣球技术可分为多种不同的类型。如果按扣球动作划分，扣球技术可分为正面扣球、勾手扣球、单脚起跳扣球；如果按扣球区域划分，扣球技术可分为前排扣球和后排扣球；如果按扣球用途和变化划分，扣球技术可分为快球类、自我掩护扣球类和其他变化类扣球。因篇幅有限，下面主要介绍正面扣球、勾手扣球、单脚起跳扣球三种扣球技术的动作要领。

（一）正面扣球

正面扣球是扣球技术中的一个基本形式，其特点是面对球网进行攻击。正面扣球可以为运动员提供更好的视野，使运动员更容易观察对方的防守形势。这种易于观察的优势使正面扣球的准确性较高，允许运动员根据对方的防守调整自己的扣球方向和力量，从而更精确地控制球的落点，这也是正面扣球被视为一种非常有效的进攻手段的原因。正面扣球的技术动作包含如下几个关键环节：准备姿势、助跑、起跳，空中击球和落地。在整个过程中，各个环节的流畅衔接和动作的协调性是至关重要的。

以右手扣球为例，正面扣球的技术动作如下。

1. 准备姿势

运动员需站在距离网 3 米左右的位置，采用轻微弯腰的姿势，双臂放松地悬垂在身体两侧，目光紧盯来球，做好随时向各个方向助跑并跳起的准备。

2. 助跑

助跑的主要目的是靠近球，确保在恰当的地方起跳，并助力增加跳跃的高度。根据球的位置和个人的习惯，运动员可以选择一步、两步、三步或更多的步法。以两步助跑为例，运动员先是左脚迅速向前迈出，然后右脚大步向前，右脚先是脚跟接触地面，随后转为全脚着地，之后左脚迅速跟上，并且略微向右旋转；这时双臂从身体前方摆到身体两侧再到身体后方，身体开始向前倾斜。这两步中，第一步主要是为了决定助跑的方向，而第二步是为了帮助调整，确保在正确的位置起跳，并在跳起后能够保持正确的击球位置。

3. 起跳

起跳时，运动员需双腿用力，使身体快速上升，双手同时上举。起跳不仅是为了达到所需的高度，还是为了捕捉扣球的最佳时机，并确保在合适的位置击球。

4. 空中击球

起跳后，运动员需要挺直上半身并稍微向右转动，右臂从身体的后上方开始挥起，身体形成一个轻微的反弓形态。接下来，运动员需要通过腹部发力以及肩、肘和腕部的协同工作，使身体像鞭子一样挥动，确保全身的力量集中到手上，以增加击球的力量。在击球时，运动员需将手指稍微分开，保持紧绷状态，手掌完全贴在球上，目标是击打球的后中部，同时主动地推动腕部和指尖，使扣球旋转加速。

5. 落地

在完成击球动作后，运动员需要确保落地安全。落地时，双脚应同时尽快着地，先用前脚掌着地，然后过渡到全脚掌着地。运动员可利用屈膝和收腹的动作来缓解下落的冲击力，并迅速做好准备进入下一个动作。

（二）勾手扣球

勾手扣球是一种独特的扣球技术。该技术的特点在于，当运动员起跳，左肩面向球网时，他们会通过转体动作生成发力，随后使右臂向左上方挥动以击球。这种技术主要适用于距离球网较远的扣球或是从后排调整至前面的球。勾手扣球能有效扩大击球范围，对于那些起跳过早或位置偏前导致的起跳不当，勾手扣球可以很好地弥补。

为执行勾手扣球，运动员在助跑的最后阶段需要注意脚步的定位，确保两脚与场地中线平行，并在左肩面向网的状态下完成起跳。运动员如果在起跳时左肩未完全面向球网，那么他们需要在空中调整身体，确保左肩对准球网。跳起之后，运动员的上半身会有一定的后仰或稍微向右转，同时右肩呈现出下沉的姿态。随着起跳的动力，右臂将从前方摆至运动员的体侧，此时的手臂应完全伸直，掌心朝上，手指稍微分开，呈现出勺状。选择合适的击球点至关重要，对于勾手扣球而言，理想的击球点应位于头顶或右肩的上方。当准备击球时，运动员需利用身体向左的转动以及收腹的动作，带动伸直的右臂从下方经体侧形成一个向上的弧线挥动，最终运动员在球经过头的前上方达到最高点时，用手掌的中部来击打排球。

（三）单脚起跳扣球

单脚起跳扣球技术是在助跑中一脚落地之后，另一脚不再前行而是直接上摆，从而达到起跳目的的扣球方式。与传统的双脚起跳相比，单脚起跳的下蹲深度不大，且没有明确的制动阶段，这使单脚起跳的起跳速度更为迅速。单脚起跳扣球的特点是制动作用不强，因此球在空中的冲力更大，可以实现在空中的位移。这种起跳方式提供了更大的网上控制范围，并且其出其不意的特性增强了进攻的突然性。当场地情况限制或时间紧迫时，单脚起跳也是一种备选的扣球策略。在现代女子排球比赛中，单脚起跳方式已经被众多顶级运动员采纳，尤其是3号位单脚起跳后，再在空中转向2号位进行扣击的策略已经被证明是相当有效的。为了确保单脚起跳技术的成功执行，加强大腿后侧肌群的锻炼是关键，因为它们在起跳过程中起到了至关重要的作用。

运动员可以按照与球网呈小夹角或与网平行的方式，选择一步、两步或多步的助跑。助跑结束后，运动员的左脚迅速跨出一大步，上半身稍微后仰，同时右腿向前上方摆动，为起跳提供助力，左脚利用蹬地的力量使运动员起跳，双臂也进行配合摆动，进一步增强起跳的动力。一旦运动员跳起，接下来的扣球动作就与常规的正面扣球动作无异。

路线与球网呈小夹角或与球网平行可以确保运动员的前冲力度适中，避免因力道过猛导致触网或越过中线的违规行为。在起跳阶段，右腿的摆动不仅为起跳提供了额外的动力，还与双臂的摆动起到了同样的效果。这种结合可以增大左脚蹬地的力量，从而帮助运动员获得更高的弹跳高度。

二、扣球技术的运用

正面扣球是扣球技术的主要方法，也是掌握、运用其他技术的基础。因此，正面扣球在比赛中应用范围较广，一般有如下几种。

（一）在强攻扣球条件下，突然改变击球力量和方法

1.轻扣

轻扣是在进行大力扣球的瞬间，突然转变为使用前臂和手腕的力量进行轻柔击球的扣球方式。为确保球的方向和落点，击球时手指和手腕应维持一定的紧张度。

2.吊球

吊球是以大力扣球为基础，在关键时刻改变击球手法，利用手指和手腕的弹性，迅速地将球从网上部吊向对方场地空位的扣球方式。

（二）在近网条件下，根据对方拦网情况，改变击球方法

在近网条件下，运动员可以有意识、有目的地造成对方拦网失误或改变路线（直、斜线），把球扣到对方防守的薄弱区域。

1. 转体扣球

为调整击球路径，保证击球位置位于头部的左前上方，运动员起跳后身体应向左侧旋转。这样在击球时，身体的旋转能够为手臂提供动力，运动员可以用正面扣球的方式将球扣入对方场地。

2. 转腕扣球

在进行正面扣球时，为规避对方的拦网，运动员需要迅速地向内或向外转动前臂和手腕，并用全掌击打球的右上方或左后上方。

3. 打手出界扣球

当对方拦网过于严密或二传球过于接近标志带时，运动员可以采用转腕扣球方式，让球触及对方拦网球员的手并弹出界外。

4. 超手扣球

扣球者应充分发挥其跳跃高度优势，保持手臂伸直，并提高击球位置。通过这种方式，球可以从对方拦网球员的手顶部进入场地。

（三）在扣快球基础上，利用近网或远网快速进攻

在执行快球进攻时，运动员可以通过近网或远网快速扣球的方式，对扣球的时机和位置进行创新，旨在误导对方的拦网判断。

1. 扣半快球

当扣半快球时，起跳的时机相较于快球应稍微推迟，通常是在二传释放球后再迅速起跳执行。除了基础的快球和半快球，还有其他战术可以采用，如错时扣球和错位扣球。错时扣球是先模拟快球的起跳动作，之后再快速起跳扣半快球。错位扣球的方法多种多样，较为常见的是模仿快球的起跳动作后，突然改变起跳的位置，从而在二传队员的前方或后方再次起跳执行扣半快球。

2. 扣短平快球

当二传队员与扣球者之间有一定的距离时，运动员可选择快速进攻，以误导对方的空间判断。扣球时，扣球者通常与二传同步起跳或在空中等待球，然后再迎球击出。

3. 扣平拉快球

扣平拉快球是利用整个球网进行快速进攻，以误导对方的拦网位置。当执行这种扣球方式时，二传通常将球传到接近标志杆的地方。扣球者助跑的路线与球网的夹角相对较小，目的是在二传释放球后迅速起跳，准确迎接弧度较平、速度较快的来球。

三、扣球的教学与训练

（一）扣球的教学过程

在高校排球教学过程中，扣球技术往往被视为一个有挑战性的教学内容，其动作结构的复杂性和教学的难度是不容忽视的。对此，教师需要特别关注挥臂击球的动作及助跑起跳的节奏两大核心环节。

为了系统地教授扣球技术，教师需要先从 4 号位开始教学，让学生扣击一般高球，这一阶段旨在为学生打下坚实的基础，使他们熟练掌握起跳步法和击球手法。随后，教师应将焦点转向 2 号位，让学生体会在不同方向和位置上扣球的区别。当学生对此已有所掌握后，教师便可根据二传的水平教导学生如何在 3 号位扣半高球、短平快球及其他相关战术。当然，根据教学大纲和所分配的教学时间，教师可以灵活选择具体的教学内容。

在教学步骤方面，教师起初应讲解扣球在比赛中的关键作用，并详细说明正面扣球的动作方法和技术要点。接着，教师应对正面扣球技术进行完整的示范，以帮助学生形成一个清晰、完整的扣球动作概念；分解示范则有助于学生明确每一动作环节的细节。在组织实践中，由于扣球技术的复杂性，教师需要将挥臂击球与起跳这两大技术环节分开教学，同时组织学生进行扣定点球和扣一般弧度球的实践。在实践过程中，对学生的错误动作进行及时的纠正也是非常关键的，这有助于他们更好地掌握扣球技术。

（二）训练方法

在高校排球教学中，扣球技术的训练方法主要包括以下几点。

1. 挥臂击球和助跑起跳练习

教师可以先组织学生进行徒手练习。在这一阶段，学生首先需要散开站位，通过原地起跳来感受摆臂的动作。随后，学生将慢慢地分解学习一步助跑起跳的动作，着重体会摆臂与起跳的连贯性。学生在对一步助跑起跳有了初步的认识后，可以逐渐加快速度，并尝试向前、左、右方向进行一步助跑起跳。接下来，学生可以在网前进行一步助跑起跳的练习，确保在此过程中能够遵循不前冲、不触网、不过中线的要求。之后，学生可以学习两步助跑起跳，速度从慢到快，步幅从小到大。结合网的练习也是不可或缺的部分，学生需要进行连续两步助跑起跳的练习。集体徒手做挥臂练习也是这一阶段的内容，为了增强手臂的力量和灵活性，学生还可以通过甩小垒球的方式进行训练。

之后，教师可以引导学生进行扣固定球的训练。这一阶段，学生将两人一组，其中一人手持球作为固定球，另一人则助跑起跳去扣击它。教师也可以站在一个高台上，手托球于网上沿，让学生尝试助跑起跳扣击固定球。

最后是扣抛球的练习。学生站在 4 号位，通过助跑起跳，尝试轻拍从 3 号位抛来的球，使球过网。学生还需要扣击隔网抛来的球。自抛自扣是一个很好的练习方式，学生可以选择距离墙 5 ～ 6 米处扣长线或与另一个学生相距 6 ～ 7 米进行对扣。学生在初步掌握了自抛自扣的技术后，还可以进一步尝试对墙扣球的练习。

2. 完整扣球技术练习

教师组织这一练习时，起初可以让学生在 4 号位或 2 号位进行一般的扣球练习。这样的布局有助于学生熟悉并掌握基本的扣球动作和策略。当学生对一般扣球有了稳定的执行和准确的感知后，教学将进一步深入，学生将开始学习和练习更为复杂的扣球技巧，如扣直线、斜线和小斜线等。这些技巧不仅能够加强学生的技术储备，还能够增强他们在比赛中的应变能力和策略选择。因此，通过从基础到高级的层层递进，教师能有效地帮助学生完善扣球技术。

3. 串联技术

教师让扣球者将球传到 3 号位，然后由 3 号位顺着网边传到 4 号位或 2 号位，接着扣球者迅速上步进行扣球。这种练习有助于学生形成快速调整位置并进行连续技术动作的能力。为了增强技术的实际运用性，教师可以结合一传和二传技术进行扣球练习，让学生在完整的传接球流程中完成扣球。在更为复杂的练习形式中，教师可设置对方拦网，这时本方会练习 2 号位和 4 号位的扣球。在学生掌握了基本技能后，还可以加大难度，如在完成拦网动作之后再进行 2 号位和 4 号位的扣球。

为提升学生的持续输出和应变能力，教师还需要组织连续扣球的练习。在练习过程中，单人或两人为一组轮流进行扣球，完成扣球后要迅速后撤到限制线。在这种练习中，二传会变换传球的方式（如调整传球的远近、高低或集中、拉开等），以增加练习的难度和变化性。

最后，教师要组织学生练习接发球后组织进攻，可以结合“中一二”或“边一二”等战术进行扣球练习，并对学生提出一定成功率的要求，以确保他们在比赛中能够有效地应用所学技术。

4. 快球练习

教师在组织快球练习时，首先要让学生进行助跑起跳接球的基础练习，这样能帮助学生熟悉起跳的节奏和时机。接着，教师要让学生进行抛扣练习，这是一个模拟实战中快速攻击的过程，二传要站在2号和3号位之间，向空中抛出一个半高球，扣球者则需要快速地助跑起跳，并在空中完成扣球动作，这种练习能够培养学生的速度和协调性。

传扣练习能够进一步提高练习的难度。在这个练习中，扣球者先将球传给二传，随后立即进行助跑，准备扣击二传传出的半高球。这种练习强调了扣球者和二传之间的默契配合，要求扣球者快速地助跑起跳并完成挥臂扣球。

最后，教师可以组织更为接近比赛实况的练习。在练习过程中，一名队员负责接发球，而扣球者需要根据一传的球的方向和弧度判断助跑的时机和路线。一般来说，当一传的球距离二传队员约1米时，扣球者就应当准备起跳。此练习有助于锻炼学生的判断和应变能力，在实际比赛中为团队带来优势。

（三）训练中需注意的问题

1. 抓住技术关键进行教学

在扣球技术中，起跳和击球手法极为重要。起跳的成功在很大程度上取决于选择正确的起跳时间和起跳点，只有当这两个因素都被准确地掌握时，才能确保扣球动作的流畅和准确。当谈到击球手法时，前臂的加速动作以及控制球的能力变得尤为关键，二者可以确保球的方向、速度和力量都能达到预期的效果。

2. 发挥二传手的重要作用

对于初学者，让他们与经验丰富或技术水平较高的二传手合作是一个有效的方法，这可以帮助初学者更好地掌握助跑起跳的时间和起跳点。在初学者的教学过程中培养技术出色的二传手也是非常关键的，因为二传手在排球比赛中扮演着连接接应和扣球者的桥梁角色。

3. 注重针对性教学

教师应该注意每个学生的个体差异。有些学生可能更适合于单脚起跳。对于这些学生，教师可以介绍一下单脚起跳扣球技术，以帮助他们找到最适合自己的起跳方式。

第六节　拦网技术教学与训练

拦网是防御战术的第一道防线，是直接压制和阻挡对方进攻的重要手段。拦网能够显著提升防守效果，帮助球队从被动的局面转变为主动，并进一步助力扣球技术的完善和进步。拦网与扣球是相对的，其核心目标是封锁对方的进攻路线，尽量将球拦回，实现反击，从而起到直接的进攻效果。即使不能完全实现拦回球的目标，运动员也应该努力触碰到球，减弱其进攻威力，为随后的反击打下良好的基础。由此可见，拦网不仅是一项防守技术，还具有较强的进攻性。在现代排球比赛中，拦网已经逐渐成为关键的得分途径。因此，在高校排球教学中，教师必须重视和加强对学生拦网技术的训练。

随着排球运动的演进和比赛规则的调整，拦网技术也经历了一系列的变革。在 20 世纪 50 年代，由于比赛规则不允许球员在拦网时将手伸过网，因此人们通常采用手臂后仰的方式来完成拦网，这时的拦网主要是一种防御手段。到了 1965 年，规则发生了改变，允许球员在拦网时手过网。这一变化使拦网从单纯的防守技术转变为集防守与进攻于一体的技术，于是“盖帽式”拦网技术——手伸过网将球包围，并用腕部的力量向下甩打——应运而生。进入 20 世纪 70 年代，随着球员身高和跳跃能力的提升，球员可以将肘部以上的部分伸入对方场地上方进行拦击，这种技术被形象地称为“屋檐式”拦网。如今，为了适应进攻节奏的加快，拦网技术要求球员移动迅速、起跳敏捷，并能根据实际比赛情况调整空中拦击的手形。

近年来，拦网技术不断创新发展，其中最显著的变化是球员可以在空中调整手臂的位置以拦截对方的扣球，这种技巧有助于提升拦网的成功率。例如，在“随球转移拦截”技术中，球员不再仅仅使用直臂的方式，而是采用一种侧倾斜的手臂技巧，若需要向左侧进行拦截，左臂将被伸展成斜角，并横置于球网上方，右臂则弯曲，使前臂与额头平齐，紧贴球网，两手之间的距离不会超过一个球的直径，这种方法有效地扩大了拦网的范围，球员可以依靠手掌和手指来堵截扣球路线；另一个策略是“声东击西”拦截，球员故意站在一个明显的位置，似乎留下了一个扣球的空隙，但当对方尝试利用这一空隙进攻时，球员会迅速地将双手伸出，成功地拦截对方的扣球；还有一种被称为“双臂夹击”的技术，球员会先将两臂分开举起，当看到对方开始扣球时，迅速地使两臂内合，有效地拦截对方的扣球。

对于初学者而言，他们很容易将拦网误认为一项简单的技能。然而，拦网实际上是一门复杂的技术，特别是球员需要在短时间内将自己从防守状态切换到进攻状态，这一切都必须在空中迅速完成。这就意味着对拦网技术的要求相当高，球员必须具备敏锐的判断力、快速的反应速度、出色的跳跃能力以及果断的下手方式。

目前拦网技术主要有两种划分方式：一是根据技术动作的不同，分为原地起跳拦网和移动拦网；二是根据拦网人数的不同，分为单人拦网和集体拦网。

一、拦网的技术动作

单人拦网和集体拦网的个人动作要领基本相同，但后者更注重队友间的协调与配合。

（一）单人拦网

单人拦网是指一个人在合适的时机起跳后利用双手在空中阻挡对方来球的一项技术，它要求球员具有高度的判断能力、敏捷的反应速度和强大的上体力量。在进行单人拦网时，球员需要综合考虑多种因素来确定其起跳的时机和路径。这些因素包括对方二传球的高度和距离、扣球队员的起跳节奏及其特有的动作特点、扣球者的身体定位和挥臂方向。通过对这些元素的快速分析和判断，球员可以更准确地决定何时起跳以及选择最佳的拦网路径，从而提高拦网的成功率。

单人拦网的技术动作主要包括准备姿势、移动、起跳、空中击球和落地五个部分。

1. 准备姿势

球员面向球网，紧盯着对方的动作，双脚平行，距离网 30 ～ 40 厘米，并与肩部宽度大致相当。双膝微微弯曲，两手轻松弯曲置于胸前，准备随时应对。在 3 号位拦阻快攻时，球员的肘部应高于肩部，双手要高举过头顶，这样可以确保随时起跳或进行移动。

2. 移动

球员有多种步法可供选择，具体选择哪种步法取决于球的位置。当球与拦网队员的距离不远时，球员通常使用并步移动；如果球距离拦网队员较远，那么球员可以选择交叉步移动；而当球与拦网队员之间的距离非常远时，跑步移动是最佳选择。无论使用哪种移动方式，球员在制动时都要确保双脚的脚尖指向球网，这样才能更好地为起跳和拦网做好准备。

3. 起跳

在大多数场合下，拦网队员的起跳路线应与扣球队员的助跑路线相对。当从原地起跳或在并步移动后起跳时，球员应面向球网，摆臂动作存在两种方式：一是通过两臂沿两侧挥动形成的弧线驱动身体向上跳起；二是两手从胸前平行于球网向上伸展，从而引领身体跃起。而对于交叉步移动和跑步移动后的起跳，因为移动完毕后球员身体半侧会面向球网，所以起跳时的摆臂动作是前后摆动，并在空中完成身体转向，使自己面对来球。关于起跳的时机，拦网队员需要根据二传球的特点、扣球队员的动作以及拦网队员自己的特点来确定。一般情况下，拦网队员起跳的时间应稍后于进攻队员，这样可以确保在关键时刻有效地阻挡或拦下来球。

4. 空中击球

起跳后，球员应收腹、含胸并收下颌，这样有助于维持身体平衡并提供更稳定的拦网基础。随后，球员双手从前额位置沿球网向上伸展，确保双臂伸直并将双肩尽量上提。在拦击球的过程中，球员双手应伸入对方的场地上空。当双手与球接触时，球员需要用力控制球的上部，目标是让球停在对方的场地内。为了适应对方扣球线路的变化，球员应该根据实际情况调整手部位置。例如，如果对方扣球线路突然改变或者对方选择向近网或侧边攻击时，拦网球员应迅速调整手部位置，夹住或堵截来球。球员还可以利用一些假动作来误导对方，随后突然改变动作进行拦击。

5. 落地

球员应自然地落地，并在落地时屈膝以缓解落地冲击，准备下一次动作。

（二）集体拦网

集体拦网分为双人拦网和三人拦网两种，其技术动作如下。

1. 双人拦网

双人拦网是在单人拦网的基础上组合成的技术，一般为一人原地或并步拦网，另一人采用交叉步移动组织双人拦网。双人拦网需要两名队员的协同作战，要求队员之间有高度的默契和协调。

（1）准备姿势。双人拦网的准备姿势与单人拦网基本相同，两位队员需要密切关注对方的动作，特别是 2 号位或 4 号位的队员，他们通常是双人拦网的主体，两位队员应当精确选择起跳点和确切的起跳时机，确保同步和效果。

（2）移动。当球被传到场地的两侧时，2 号位或 4 号位的队员由于移动距离较短，多采用原地或并步起跳，这有助于他们更好地观察和判断对方的行动。而3号位队员通常采用交叉步或滑步移动，他们起跳时需要前后摆臂并在空中转体。

（3）起跳。双人拦网的起跳需要考虑对方扣球者的起跳点和时机。2号位或4号位队员确定起跳点后，3号位队员需要迅速移动到他们的旁边，并与他们同时起跳。

（4）空中击球。在空中，两位队员应形成一个约1米宽的屏障，目的是封堵对方的扣球路线。处于外侧的队员需用外侧的手臂向内夹球，并适时地转动身体，双手协同作战以确保球被成功拦回到场内。

（5）落地。在完成空中拦网动作后，两位队员落地时要屈膝以缓冲冲击力，特别是处于外侧的队员，他们在落地时要向场内转体，一般先用右脚接触地面。落地后，两位队员需要迅速转向，准备进行下一个动作或接球。

2. 三人拦网

三人拦网是指三人同时起跳相互配合的拦网技术，一般为一人原地或并步拦网，另外两人采用交叉步移动组织成三人拦网。

（1）准备姿势。三人拦网的准备姿势与单人拦网基本一致，每位队员都需要密切观察对方的动作，准确判断对方的进攻方向和节奏，以确保协同起跳。

（2）移动。在三人拦网中，一名队员会根据对方二传球的动向确定其拦网起跳的位置，此时另外两名队员需采用交叉步或滑步移动，快速地向这名定位队员靠拢，以组织紧密的三人防线。

（3）起跳。起跳时，定位队员大多会原地正面起跳，移动的两名队员则采用移动侧向起跳。三人的起跳时间必须高度一致，确保形成一个连续的拦网墙。

（4）空中击球。起跳后，外侧的两名拦网队员应使用外侧手臂向内夹球，并适时地转动身体，以协助双手成功拦截对方的进攻；中间的队员则以单人拦网的方式行动，确保中间的空当得到有效防守。

（5）落地。拦网结束后，三名队员在落地时都应当屈膝进行缓冲，以减少对关节的冲击。外侧的两名队员需要迅速转身面向场内，准备接受下一轮的进攻或进行下一个动作。

二、拦网技术的运用

在比赛中，拦网技术的运用主要有拦集中球、拦拉开球、拦快球、拦打手出界球、拦远网扣球和后排扣球等。

（一）拦集中球

集中球的击球点位于离标志杆一定距离内。对于这种类型的进攻，拦网者的策略应是主要阻挡对方的斜线进攻，同时不能忽视直线扣球的可能性。在实际比赛中，对方的扣球手法和路线可能会发生变化，这就需要拦网者具备敏锐的观察力和快速的反应能力。一旦觉察到对方有意改变原有的扣球路线，拦网者应迅速调整自己的拦截策略，确保能够有效地拦下对方的进攻。

（二）拦拉开球

拉开球是排球比赛中一种常见的扣球方式，其特点是击球点通常位于标志杆附近的上空。为了有效地拦住这种进攻，球员通常需要组织集体拦网来形成更加紧密的防守网。当对方的击球落点正好在标志杆处时，拦网者的主要任务是阻挡对方的斜线和小斜线进攻，这是因为在这种位置，斜线和小斜线会成为对方主要的进攻路线，拦网者需要针对这些路线进行重点防守。而当球的落点在标志杆以内时，情况就有所不同，此时外侧的拦网队员应负责拦挡对方的直线进攻。为了确保球不会打手出界，拦网队员在拦击球的关键瞬间需要确保外侧手的手腕向内转，这样既可以确保球被成功拦下，又能避免触网或让球打手出界的风险。

（三）拦快球

快球种类繁多，其中近体快球和短平快球是基本且具有代表性的两种。队员如果能够准确地判断、及时地移动并具备强大的应变能力，他们就能更好地拦阻其他类型的快球。

1.拦近体快球

近体快球以极快的速度、低弧度和靠近球网的击球点为特点。这种高速和紧邻球网的特性使集体拦网变得困难，因此单人拦网成了常见的策略。为了成功地拦截，拦网队员应当与扣球队员几乎同时起跳，甚至稍微早一些。一旦离地，队员应当确保自己面向扣球队员，并尽量将两手伸得足够远，超过球网的顶端，以确保阻止对方改变击球方向。

2.拦短平快球

短平快球是沿着球网进行快速平飞的二传球。在进行拦网时，队员既要关注球，也要关注对手。他们应根据对方扣球者的助跑轨迹和起跳位置来定位自己的位置。正确的起跳时机至关重要，队员应当在扣球者起跳的一刹那或稍微早一些进行起跳。队员起跳后应迅速将双臂伸向对方场区的上空，并确保双手尽可能接近球，从而有效堵住对方的主要扣球路径。

（四）拦打手出界球

拦打手出界球时，靠近边线拦网队员的外侧手在拦击球的刹那，手掌应转向场内，以防打手出界。若遇对方有明显的打手出界或扣平冲球的动作时，拦网者应及时将手收回，造成对方扣球出界。

（五）拦远网扣球和后排扣球

远网扣球和后排扣球的击球点离网较远，扣球的过网区比近网扣球要宽，拦网者的手无法靠近击球点，因此拦网的难度比拦近网扣球要大，应尽量组成集体拦网。拦网时，手要尽量向高处伸，堵截对方主要的扣球路线。拦这两种扣球的关键是要掌握好起跳的时间和选择正确的起跳位置：一般情况下，拦网队员应在对方击球的一瞬间起跳（扣球点离网远时，起跳还应稍迟些）；单人拦网时，拦网队员应在正对对方主要扣球路线的位置起跳；集体拦网时，主拦队员在选择起跳空间时应留出一定的位置让同伴与自己配合进行拦网。

三、拦网的教学与训练

（一）教学过程

排球拦网技术的教学需要在学生基本掌握了正确的扣球技术之后开始。起初，教师应着重于单人拦网技术的教授，因为单人拦网是拦网教学的核心。待学生熟悉单人拦网技术之后，教师可以逐步引导他们进入双人和三人集体拦网的练习中。在教学方法上，教师应先分解拦网的各个动作，从正确的手形和伸臂技巧开始，随后转到原地起跳及移动起跳的练习，直至学生能够完整地展现出拦网技术。而在拦网移动的教学中，教师应从基础的并步法开始，逐渐引入交叉步与跑步技巧，这样有助于学生全面而系统地掌握拦网技巧。

在教学正式开始之前，教师要先介绍拦网技术在排球比赛中的重要作用，讲解单人拦网技术的动作方法和要领（包括拦网手形、助跑、起跳、空中拦击、落地等），重点讲解拦网的判断和起跳时机。之后，教师可以采取多种方法进行动作示范，确保学生能够从多个角度理解和掌握拦网技术。完整的示范可以帮助学生建立对拦网技术的整体认知：通过正面示范，学生可以清晰地看到拦网的手形、手臂之间的距离以及起跳的整体动作；通过侧面示范，他们能够注意到拦网时身体的全方位动作以及手臂与球网之间的相对位置；背面示范更注重于展现移动的节奏、判断的时机、起跳的瞬间以及如何在网上有效地拦堵不同的区域和线路。

当学生通过观看示范对拦网技术有了初步的认识后，接下来的任务就是实践和练习。教师要按照一个递进的顺序组织练习，一般是先进行基本的拦网手形训练，接着是移动和起跳的练习，最后结合实际的排球进行完整的拦网技术练习，确保学生能够在实战中运用所学技能。

（二）训练方法

1. 拦网手形练习

对于初学者来说，熟悉并掌握正确的拦网手形是成功进行拦网的前提。为帮助学生更好地掌握拦网手形，教师需要采取分步骤、循序渐进的方法来组织练习。

首先，教师要指导学生进行徒手模仿练习。在此阶段，学生需原地站立，保持双脚平行，并尝试上举伸直双臂。他们需要确保双手之间的距离大约为 20 厘米，十指自然张开，这样的手形更有利于成功拦截对方的扣球。

为加深学生对拦网手形的感知，教师需要组织原地扣、拦练习。学生两两组队，面对面站立，相距大约 1 米。其中一人做好拦网手形，另一人则尝试自抛自扣，确保每次都能将球准确地打在对方的双手上。这样的练习使拦网者能够更加直观地感受到拦网时的肌肉状态和力量分配，从而对正确的拦网手形有更加深入的理解。

为更接近实战的情境，教师可以引入原地结合低网的扣、拦练习。同样是两人一组，但这次学生需要隔着球网进行练习。扣球者的任务是将球扣打到拦网者的双手上，拦网者则要根据扣球者的动作和抛球情况，及时做出响应，伸出双臂进行拦网。这一阶段，学生不仅要保持正确的手形，还需要注意提肩压腕的动作，确保在实战中能够有效拦截对方的进攻。

2. 移动起跳拦网练习

教师可以先安排学生进行网前原地起跳拦网的练习。在这个阶段，学生需在教师的口令下在网前做原地起跳拦网。这个练习的主要目的是让学生体会起跳时的身体平衡，学习如何在确保完成拦网动作的同时，避免触网或越过中线的犯规行为。

待学生基本掌握原地起跳拦网之后，教师再引导学生进入网前左右移动一步起跳拦网的练习。在这个练习中，教师应站在网前的高台上高举排球，学生需要观察教师举球的位置，并依次在网前左右移动一步后进行起跳拦网。这个练习旨在让学生体验到在移动中如何迅速制动、起跳并完成拦网的全过程。

为了更接近实战，教师需要组织学生进行隔网盯人移动拦网的练习。学生两两一组，隔网相对站立，其中一名学生主动进行左右移动并起跳拦网，另一名学生则需要盯住他并及时做出响应，移动并在网上与其击掌。此练习要求学生在平行于网的方向上移动，确保不触网，并从慢到快地移动，确保与网保持合理的位置关系。

3. 结合球的拦网练习

教师可以先让学生进行“一抛一拦”的练习。两名学生隔网站立，其中一名学生朝向网口并抛起球，另一名学生则要准确判断球的落点并起跳，使用之前学到的拦网手形将球拦回。这个练习的重点是让学生体会到起跳的时间选择以及拦网动作的准确性。

待学生技能有一定提高之后，教师可以进一步引导学生进行拦固定线路扣球的练习。在这个环节中，教师或特定队员站在高台进行扣球，目标可以是直线或斜线。学生需要根据扣球的线路，助跑起跳并完成拦网。教师在此过程中要让学生注意拦直线球与拦斜线球在取位和拦网手形上的差异，从而加深学生对拦网技巧的理解。

为模拟实战中的复杂情境，教师需要组织学生进行拦对方 4 号位或 2 号位的扣球练习。在这个练习中，学生需站在 2 号位或 4 号位，准备拦对方的扣球。学生需要迅速分析对方扣球者的助跑线路，选定最佳的起跳点和起跳时机，并成功拦堵对方的主要扣球线路。

4.集体拦网练习

双人原地起跳配合拦网练习是一种初级的配合模式。在这一环节，教师要让两名学生站在网前，二人同时原地起跳，四只手臂伸直上举。练习的关键是保持二人手臂之间的距离适当，确保中间不会漏出球，以此来培养学生间的默契和拦网的基本手形。

为了进一步提高学生的移动拦网技巧，教师可以引入双人移动后配合拦网的练习。在这个练习中，两名学生先同步移动到3号位，完成一次起跳配合拦网，随后分别向两侧移动，并与2、4号位的队员进行双人配合拦网。在这个过程中，配合的队员需要主动与2、4号位的主拦队员协作，确保两人间的移动流畅，并避免在移动或起跳时发生碰撞。

最后，教师可以组织学生进行结合各种进攻扣球的双人拦网练习。在这一阶段，3号位的学生需要单独拦住对方的快球进攻，随后迅速向2号位或4号位移动，并与相应位置的队员组成双人拦网，拦截对方的强攻扣球。这一阶段的练习要求学生不仅要快速判断和移动，还需要掌握拦不同类型进攻球的起跳时机和手形变化。

（三）训练中需注意的问题

在高校排球教学中，教师在训练学生的拦网技术时应注意以下几点问题。

1.注重提高学生的判断能力

在排球比赛中，虽然拦网技术在动作上可能不太复杂，但成功拦截对方进攻的关键往往取决于运动员的判断能力。能否正确地判断拦网的时机并选择起跳拦截的部位成为决定拦网效果好坏的核心因素。对于教师而言，在教授拦网技术动作的过程中，同样需要注意培养学生的判断能力。

判断拦网的时机是决定能否成功阻止对方进攻的重要环节，过早或过晚的起跳都可能导致拦网失败，因此教师在训练中要引导学生仔细观察对方扣球者的助跑节奏、起跳高度和击球动作，从而训练学生准确把握拦网的最佳时机。选择正确的起跳拦截部位也是成功拦网的关键，拦网不仅是一个单纯的跳跃动作，还是一个需要根据对方攻击线路做出即时判断的技术动作，因此教师应教授学生如何根据对方扣球者的位置和身体动作判断其可能的扣球线路，然后迅速选择最佳的起跳拦截部位。

2. 合理搭配练习

拦网练习，特别是移动拦网练习，对学生的身体负荷较大，需要更多的体力和精力。因此，为了确保学生的身体健康，提高训练效果，教师在组织练习时需搭配合理。

移动起跳的拦网练习往往要求学生在短时间内快速移动、制动，然后迅速起跳进行拦网，这不仅考验学生的反应速度和技术，还对其体力有很大的消耗，过度的移动起跳练习可能会让学生感到疲劳，甚至可能引发伤病。原地不起跳的拦网练习则相对简单，主要培养学生的基本技能和判断能力，这种练习方式对学生的身体负荷较小，可以作为移动起跳拦网练习的缓冲，帮助学生调整呼吸、恢复体力，同时巩固和矫正技术动作。

因此，教师在组织拦网技术训练时，应根据学生的体力和技术水平，灵活搭配移动起跳的拦网练习与原地不起跳的拦网练习。例如，教师可以在一段高强度的移动起跳练习后，适时地安排一段原地不起跳的练习，让学生有机会调整呼吸、放松身体，再进行下一轮的高强度练习。这样的搭配既能保证训练的效果，又能避免学生因过度疲劳而引发伤病，确保学生的身体健康。

3. 逐步提高练习的难度

拦网技术在实际比赛中是非常关键的，但对于初学者而言，直接面对复杂的扣球情况可能会让他们感到困难甚至失去自信。因此，教师在组织训练时，通常会选择从拦固定路线的扣球开始，这种方式可以让学生在一个相对简单、稳定的环境下初步掌握拦网的基本技术和动作。待学生对固定路线扣球的技术逐渐熟练之后，教师可以引入拦变化路线的扣球练习，这需要学生根据扣球者的动作和球路进行快速判断和反应，从而锻炼自己的观察、判断和应变能力。

除了考虑扣球的路线，拦网技术的训练还需考虑扣球的位置。起初，学生可以先从拦近网扣球开始，因为这种扣球的速度和变化相对较小，对学生的要求也相对较低。随着学生技术的提升，教师可以进一步提高练习难度，引入拦远网扣球和各种快攻扣球的练习，这对学生的身体协调性、观察力和判断力都有较高的要求。当然，无论在何种练习中，学生都应养成随时观察的习惯，这是因为在实际比赛中，观察对方扣球者的动作、眼神和身体的变化可以帮助拦网队员更好地判断扣球的方向和速度，从而做出准确的拦网。

4. 集中练习与分散练习相结合

在排球拦网技术训练中，集中练习与分散练习的结合是至关重要的。集中练习是指在一定时间内重复练习同一种技能或动作，有助于加深学生对该技能的认识和理解，使其达到熟练的程度。分散练习则是在训练中将多种技能穿插进行，这样可以使学生在短时间内接触到不同的动作和技能，锻炼多种能力和技巧。

拦网技术虽然看似简单，却涉及观察、判断、移动和起跳等多种技能。在学生初次学习时，教师可能需要采取集中练习的方法，让学生反复练习某一技能或动作（如起跳的技巧或手形的正确性），这种反复的、有针对性的练习有助于学生更快地掌握这些基本动作，为后续的高难度训练打下坚实的基础。但仅仅依靠集中练习是不够的，当学生掌握了基础动作后，教师需要将拦网与其他技能（如扣球、传球等）结合起来进行分散练习。通过分散练习，学生可以在实际比赛情境中练习拦网，这不仅可以提高学生的实战能力，还可以使学生更好地将拦网与其他技能结合起来。例如，在一个分散练习中，教师可以组织学生进行半场对抗，让一方传球、扣球，另一方则进行拦网，这种练习不仅可以锻炼学生的拦网技术，还能让他们体会到与队友的配合和如何在实际比赛中运用所学技能。

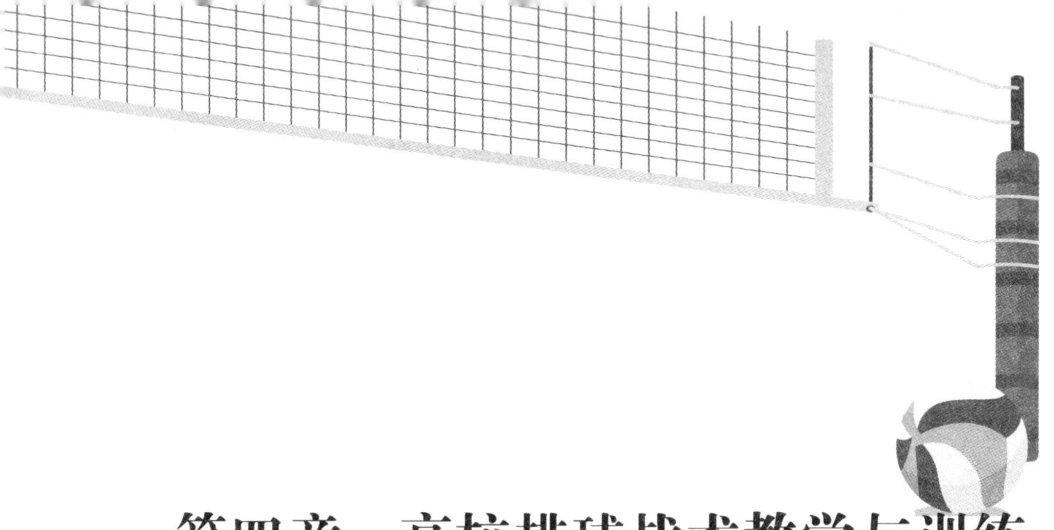

第四章　高校排球战术教学与训练

在排球比赛中，战术的运用与策略的制定往往决定了比赛的胜负。这些细节和策略的灵活应用涉及对局势的判断、队员的协同配合以及对对手的策略分析。而高校排球战术教学与训练是将理论与实践完美结合的过程，是智慧与技能的综合体现。本章主要探讨排球运动中的战术种类及高校排球战术的教学方法，希望能为教育者提供一套系统的方法论，同时为学生指明成为优秀排球运动员的方向。

第一节　排球战术的概念与分类

一、排球战术的概念

排球战术是运动员在比赛中根据排球运动的比赛规律、双方彼此的具体情况和临场变化，合理地运用技术及所采用的有组织、有目的和有预见的配合行动。[1] 在排球比赛中，球队或个人为实现比赛目标（如得分、防守、配合等）常常会采用某种策略和方法，这些策略和方法统称为战术。与技术不同，技术是指排球运动的基础动作（如扣球、传球、发球

① 王萍．大学体育与健康教育[M].天津：天津科学技术出版社，2009：142.

等），战术则是在比赛中利用这些技术来达成团队的目标。简单来说，技术是“怎么做”，而战术是“什么时候、为什么和怎么做”。

排球运动的战术主要有两个方面：个人战术和集体战术。这两种战术相互补充，互为依赖。当球员根据实际比赛情况有意识地施展技巧时，这就是个人战术的体现，如扣球时更换方向、轻击或击出边界。球员在团队合作下，根据自身特点和战略需求巧妙地变换个人战术，旨在有效的进攻或防守。实施得当的个人战术能够补充团队战术的空缺。实际上，个人战术就是球员在比赛中的技术和技能展现，成功的关键是对自己和对手的深入了解。

排球运动的集体战术是球员在比赛中，为突破对方的防守或限制对方的进攻，灵活地采用合适的攻守手段，并按照既定的策略，进行有目标、有组织的集体行动。排球比赛由于高度依赖团队合作，所以不仅要求每位队员具备出色的基本技术和灵活的个人战术，还要求整个团队能够有针对性地实施集体战术以获得比赛的胜利。在制定和执行战术时，团队需要基于队伍的实际情况（包括每个队员的身体状况、技术能力、战术意识和团队的整体协同能力）选择最合适的团队策略。也就是说，集体战术反映着团队的整体战斗能力，在比赛中起着决定性的作用。

在选择战术时，球队应首先考虑本队的现实状况，根据队员的技能、特长、身体状况和体能来选择适当的战术。在实战中，球队还应根据对手的技能和战术特色以及比赛现场的动态，采取机动的策略来破坏对方的战术布局，确保比赛中的优势地位。

在过去的一个多世纪里，排球比赛规则经历了不断的改革和创新，这些变革对排球运动的内部发展产生了积极的推动作用。技术和战术的持续进步是保持排球运动活力和表现其高水平的核心驱动力。从竞技的视角出发，排球比赛的核心目标是在遵循规则的前提下，争取获得更多的分数、减少失误，并最终获得胜利。为了实现这一目标，每个参赛团队都应根据自己队员的技术风格、体质和比赛经验来选择恰当的战术策略。而在实际比赛中，为了占据一定的优势，球队应根据场上情况以及双方的技术和战术强弱做出灵活多变的行动，借助技术与战术的较量来达到战胜对方的目的。

具体来看，排球战术的发展趋势主要包括以下几点。

第一，追求“全面型”和“立体化”的进攻战术。从国际发展趋势上看，排球进攻战术开始从简单的高攻、快攻转变为更加复杂且具有策略性的“全面型”和“立体化”进攻模式。“全面”是指每个队员既要有强攻、快攻、后排攻等个人进攻能力，又必须具备快攻掩护下的多种配合战术以及立体攻的全场战术组合。只有在进攻能力全面的基础上，球队才能在实战中有针对性地、灵活地、得心应手地、富有实效地运用各种战术。① “立体化”进攻是指不仅限于前排的多层次配合，还包括后排的多维度变换以及发球和调整球路线的全场策略布置。这种战术致力于控制更大的比赛空间，强调在纵深、方向和前后之间的有机结合。随着现代排球运动员身高增加、跳跃能力加强以及技术和战术层面的飞速进步，进攻战术正在经历深刻的变革：进攻点多、范围广、节奏快。后排进攻也不再只是作为一个辅助方式存在，而是与前排的强攻和快攻巧妙地结合在一起，相互补充。这种立体、全方位的进攻策略逐渐展现其强大的优势，成为现代排球比赛的得分关键。可以预见，随着时间的推移，控制更多比赛空间的队伍将更能够凸显其独特优势，而“立体化”的进攻战术无疑将在排球运动的战略布局中占据核心地位。

第二，采用“多变型”的战术行动。观察最近几年的国际赛事可以发现，许多球队的战术行动更为灵活多变。“多变”不仅体现在进攻和防守的方式上，还表现为队伍能够在场上迅速调整，灵活地采用各种战术。有力量的跳发或轻飘的吊球、强攻突破或快速变线的进攻、移动拦网或后排稳固的防守，这些都是“多变型”战术行动的体现。这种“多变型”的战术行动可以使排球赛场更加充满活力，为观众带来更为丰富的观赏

① 高健，王江云．现代排球战术发展趋势探略[J]. 中国排球，1999（11）：44-45.

体验。为灵活运用这些变化丰富的战术，队员需要有出色的战术意识和整体的协作能力。他们要能够随时根据比赛情况调整战术，准确判断并迅速做出反应，而不仅仅是完成教练预设的战术要求。队员要在实战中，根据对手的变化和场上形势随机应变，最大化地发挥队伍的综合实力。

第三，提倡“前高位”防守战术。随着排球比赛规则的变化，攻守之间的平衡越发显著，防守战术开始逐渐成为比赛中主导节奏、实现得分的核心环节。在这一背景下，“前高位”防守战术逐渐成为新的发展方向。该战术主张在比赛中强化网前的高位防守（特别是前排网上），以争夺每一次进攻的先机。这种策略不仅强调前排防守的重要性，还与后排防守紧密结合，旨在迅速地展开拦防与反击。“自由人”的防守形式为这一战术增添了更多的灵活性，无论是前排还是后排，都可以随时形成一张高效的防守网，从而确保团队在面对对方的进攻时，能够有效地守住领土、缓冲攻势，进而扭转局势或转为反击，实现积极的防守效果。这种全面而灵活的防守模式无疑为现代排球比赛的防守战术带来了革新性的启示。

第四，战术运用趋向合理、简练和实效。在现代的排球比赛中，获取比赛的胜利不再仅仅依赖复杂多变的战术组合，而是更多地注重战术的合理、简练和实效。合理意味着每一个战术选择都要与队伍的整体实力、对手的特点和比赛的具体情况相适应；简练强调的是在战术的设计和实施中，追求效率，避免不必要的复杂性，从而确保战术的快速执行；实效则是将这些战术策略真正转化为比赛中的得分和胜利。简练与实效并不是战术运用的附属品，而是其核心要素。一个简练的战术往往更容易被队员掌握和执行，也更能使队员迅速应对比赛中的各种变化。实效则是这些战术选择背后的最终目的，也是队伍在比赛中追求的最高价值。因此，合理、简练和实效的战术运用不仅是现代排球运动的发展趋势，还是每一个成功队伍必须具备的核心竞争力。

二、排球战术的分类

排球战术的分类是根据排球运动的特点，将战术内容系统地划分为不同的类别和层次，并明确各个类别之间的关联，从而使人们能对排球战术有一个完整的认识。排球战术的分类方法繁多，但大致上可以根据参与的球员数量划分为个人战术和集体战术。进攻和防守是排球比赛中始终存在的两大要素。鉴于某些排球技巧既有攻击性也有防守性，个人战术不再被进一步细化为进攻和防守，而是直接被分为发球、一传、二传、扣球、拦网和防守等技巧。集体战术可以进一步分为集体进攻战术和集体防守战术。集体进攻战术存在多种进攻阵型（如“中一二”“边一二”“插上”），而这些阵型中还蕴含了众多的进攻组合方式，现代排球运动的进攻战术已经从简单的点和面的结合演变为立体进攻。集体防守战术也包括众多的防守阵型（如接发球阵型、接扣球阵型、接拦回球阵型以及接传垫球阵型），并且每种防守阵型都存在多种变体。值得注意的是，排球比赛的进攻，除发球外，都源于防守，而防守之所以存在，也是为了更好地进攻，形成一种攻守间迅速的转换。在实际比赛中，进攻和防守战术的有机组合衍生出了接发球及其进攻、接扣球及其进攻、接拦回球及其进攻、接传垫球及其进攻这四大战术系统，亦被称为“四攻系统”。

第二节　阵容配备、位置交换与信号联系

一、阵容配备

阵容配备是根据战术组织需要及队员的技术和战术特点，有针对性地、合理地安排主力队员、替补队员及位置分工，充分地调配力量，科学地组合人员的筹划过程，是合理使用队员、有效组织本队力量的一种

战术组织形式。① 在排球比赛中，阵容配备主要涉及选择谁担任主攻、副攻、接应、二传、自由人等位置，并考虑他们在场上的位置顺序，如考虑将主攻手放在前排或后排，考虑接应的位置等。阵容的选择和配置需要基于队伍的整体战术，考虑到对手的特点以及队员之间的协同配合。

阵容配备的目的是合理地分配队员力量，有效地发挥每位队员的技能和潜能。为此，在组织阵容时，教练应该根据每名球员的身体素质和技术水平，综合考虑他们之间的协同作用和组合效应，将进攻能力出色的队员与擅长防守的队员巧妙搭配在一起，确保无论轮换到哪个位置，队伍都有稳固的攻守能力。为了使战术执行得当和队伍运转流畅，主攻手、副攻手和二传手应在场上分布均衡，这样无论是在攻击还是在防守时，他们都可以迅速找到自己的位置，与队友形成默契的配合，默契度高的进攻队员与二传队员安排在相邻位置能够更好地执行战术策略。当球队有发球权时，站在 1 号位的应是发球技术较好的队员，这样可以给对手带来较大的压力；当发球权在对方手中时，2 号位的球员应该具有良好的发球技术，以确保开局阶段即可稳定发挥。为了避免在场上出现防守盲区，接发球能力稍弱的队员不应安排在相邻位置，防止形成薄弱区域给对方可乘之机。

传统的阵容配备主要包括“三三”、“四二”和“五一”三种。“三三”配备是指场上阵容由 3 名二传队员和 3 名进攻队员间隔站位组成，这样在任何轮次中，前、后排都能有 1 ～ 2 名二传队员和进攻队员，以保证各个轮次的攻、防力量的相对均衡（见图 4-1）。目前，这种阵容配备形式由于会出现三轮前排只有 1 名攻手的情况，使用中战术形式简单，进攻力量过于薄弱，因此这种配备方式常用于初学者，在正式比赛中较少使用。在学生训练的初级阶段，教师可以通过安排“三三”配备，让学生熟悉和掌握比赛中的基本站位和轮换规则，进一步巩固和提高学生的基本技术。

① 杨娅男．排球教学与训练 [M]．厦门：厦门大学出版社，2018：33.

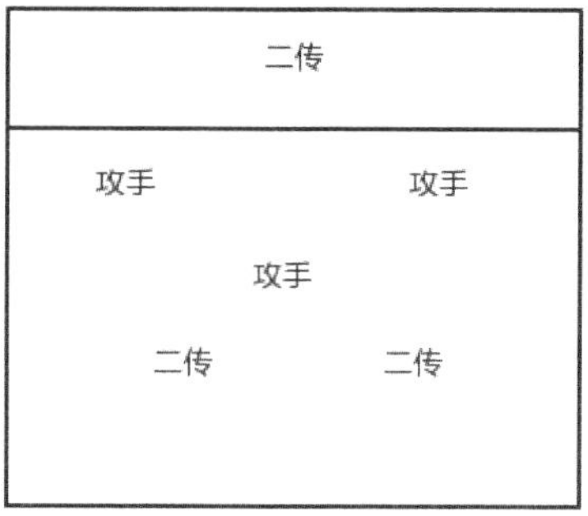

图 4-1　“三三”配备

“四二”配备是指在场上安排 4 名进攻队员（2 个主攻手、2 个副攻手）和 2 名传球队员，当比赛开始时，进攻队员和二传队员分别站在对应的位置上，并且在比赛过程中，前排始终有 1 名主攻、1 名副攻和 1 名二传（见图 4-2）。主攻选手一般是擅长进行强势进攻、精确攻击和调整型进攻的运动员；副攻选手则是善于执行打跑动攻、快速进攻，且具有极好的移动和拦网技术的运动员；传球队员由那些在进攻上不太出色但在传球技术上特别突出的队员来担任。这种配备方式的优势在于攻防均衡，能够灵活地组织各种进攻战术。然而，由于场上存在 2 名轮流进行传球的二传手，进攻选手需要适应他们各自不同的传球风格、习惯和速度，这无疑增加了队伍间的配合难度。但如果这 2 名二传都拥有良好的进攻能力，那么我们可以考虑使用“后排插上”的进攻战术，确保前排的进攻点始终为三，使进攻更为多样化，从而更容易掌控比赛的主动权。

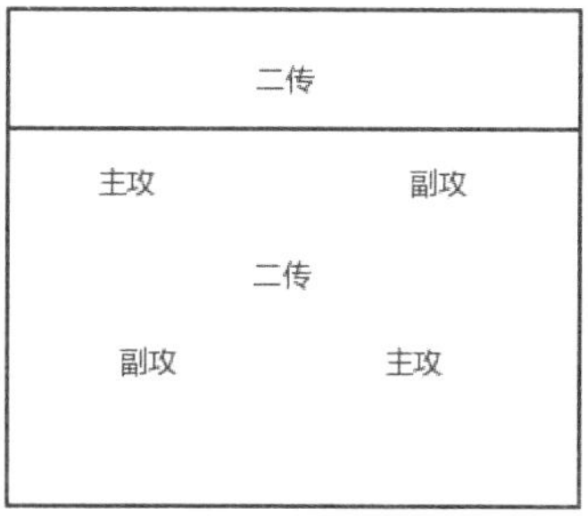

图 4-2　“四二”配备

“五一”配备是指由 5 名进攻队员和 1 名二传队员组成的配备方式。在“五一”配备中，队员位置的排列与“四二”配备阵型基本相同，不同的是，“五一”配备只有一名二传手担任主传，因此其对称位置需要安排接应二传（见图 4–3）。当二传选手处于前排时，队伍需选择两点进攻战略；当二传选手在后排时，队伍需同时发挥进攻与拦网的作用。在这种配备下，由于只有 1 名二传选手，进攻队员只需适应该二传的传球风格和特点，就能够更容易达到默契的配合。然而，当进行反击防守时，如果一传选手位于后排且需要插入传球，这将带来一定的难度。为了缓解因主二传无法及时传球而导致的被动局面，高校排球教学应加强对“自由人”传球的训练。“五一”配备在高水平运动队中得到了广泛的应用，在高端男子排球比赛中尤为常见，它既能充分利用多名进攻选手的优势，也可以确保全队在一名二传手的指挥下，能够更精准、有效地发挥出团队的技术和战术实力。随着运动员身体素质的不断提升，球员的进攻能力也得到了普遍加强，立体化的进攻策略已经成为现代排球比赛的核心，因此后排的进攻选手也能够展现出他们的攻击力量。

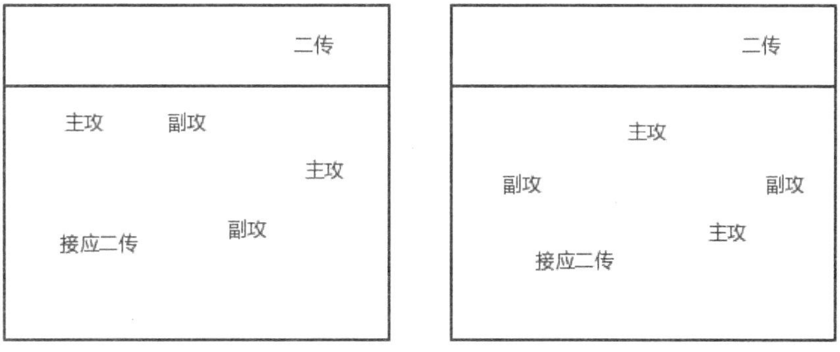

图 4–3 “五一”配备

在 2016 年的里约奥运会上，中国女排夺得了冠军，这背后与主教练郎平的策略创新与经验运用密不可分。郎平结合自己的丰富经验和队伍的实际情况，对传统的“五一”配备进行了必要的调整和创新。在郎平的领导下，中国女排不仅倡导了国家队的理念，还成功培养了一大批备受瞩目的高水平年轻选手，这让“五一”配备在赛场上展现出了全新的活力。在成功实施“五一”配备的同时，一些关键的基础条件也起到了至关重要的作用，其中一个明显的条件是，场上与场下队员之间的能力差异不应过大，并且每位队员都拥有独特的技术特点。尽管场上只有1名二传队员，场下却需要配备一对互补的二传和副攻，二者之间的配合应默契且具有特色。这种设置确保了在比赛的关键时刻，队伍通过调整人员，能够迅速改变战术策略，从而干扰并破解对方的拦防和配合，有效地抵消对方的战术布局，为自己队伍创造优势。需要明确的是，尽管在比赛中进行了人员调整，但其核心（“五一”配备）的基本结构仍然保持不变。

国外的教练在描述球队阵容配备时，通常会考虑进攻手和二传的数量，他们更注重在描述中加入前排和后排的定义，这是因为在实战中，前排担任二传的队员与后排担任二传的队员具有不同的战术意义。例如，国外的教练通常将“四二”配备理解为由前排的4个进攻队员和2个二传队员组成；“三三”配备则被看作由前排的3个进攻队员和3个二传队员组成。这种表述方式反映出国外教练更注重从比赛实际情境出发来理解和描述排球阵容。目前国外流行的“六二”和“六三”阵容配备方式与国内的“四二”和“三三”配备在本质上并无太大差异，主要是描述和命名上的不同。但无论如何命名，这些配备方式在比赛中所体现的实战特点是相似的。下面将详细探讨这两种在国外受欢迎的阵容配备方式。

“六二”阵容配备由6名进攻队员和2名二传队员组成。其中，后排的二传队员主要负责传球，前排的二传队员则更多地参与进攻。这种命名和解释方式不仅形象易懂，而且充分展现了从“四二”配备发展而来的新配备方式的优势，为排球运动的进一步实践与发展提供了方向。“六二”阵容配备要求2名二传队员既要具备出色的插上传球技术，又要有强大的进攻和拦网能力。“六二”配备的主要优点在于：第一，2名二传队员均有进攻潜力，能在每轮比赛中成功发起进攻，构成三方进攻模式，充分利用前排的多样化进攻优势，从而增加进攻威力；第二，在培训阶段使用这种配备，运动员的位置不会过于固定，有助于青少年排球运动员的多面发展。然而，这种配备也存在一定的缺陷：一是所有进攻队员需要熟知2名二传队员的传球习惯，这可能会使场上配合变得更加复杂；二是为队伍培训2名既具备高水平传球技能又有强进攻能力的二传队员是一个不小的挑战。

“六三”配备是在“三三”配备基础上演变而来的一种配备方式。具体来说，这种配备由前排的6名进攻队员和后排的3名传球队员组成。显然，这种命名方法既直观又易于理解，并能清晰地展示从“三三”配备变换而来的新阵容所带来的优势。“六三”配备需要球队中有3名技艺高超、具有全面能力的队员，他们能够胜任主攻、副攻和二传接应等多个位置。这种布局的主要优点包括：第一，使用这种配备方式的队伍能轻易地使对手产生困惑，使其拦防变得被动；第二，每个轮次都可以最大化地利用前排的三点快攻特色，大大提高进攻效率；第三，能够充分挖掘自由人在接发球时的关键作用，并展示其出色的防守能力；第四，这种阵容在基础和进阶训练中使用，能够为运动员提供更大的空间，促进青少年排球运动员的全面发展。然而，“六三”配备也存在一些问题：一是场上有过多的二传手，这可能会影响团队核心角色的确立；二是攻击队员需要适应3名二传手的传球特性，这会带来一些挑战；三是为队伍培养3名同时具备高水平传球和进攻能力的二传队员也是一大难题。

二、位置交换

换位在排球比赛中是一种根据战术需求进行的策略，旨在最大化地利用每位队员的优势，以弥补由于身高差异或技术水平不均导致的不足。这种策略允许在比赛规则范围内对阵容进行调整，从而更好地协调和利用全队的实力。具体来说，排球运动中的换位可分为前排队员之间的换位和后排队员之间的换位。

（一）前排队员之间的换位

前排队员之间的换位是为了强化前排的进攻威力并依据队员的个体特点，将进攻出色的队员调整到他们最适合扣杀的位置。例如，习惯使用右手进攻的队员可以调到 4 号位，习惯左手扣球的队员则调到 2 号位；那些擅长快速进攻的队员可以置于 3 号位，擅长从后方快速进攻的队员则更适合 2 号位；二传队员根据战术需要，可能会被调整到 2 号位或 3 号位。

为了提升拦网效果，队伍可以将身高较高、跳跃能力出色且拦网技术熟练的队员调到 3 号位（这是一个拦网任务较为繁重的位置），也可以将他们调到与对方主要进攻手对应的位置。

当执行交叉、夹击或围攻等特定的进攻策略时，队员可以根据需要自然地进行位置调整，为下一轮的进攻做好准备。

（二）后排队员之间的换位

为了实现不同的目标，队伍可对后排队员安排不同的换位方式。

为了更好地凸显队员的防守专长，队伍可以根据每位队员的技能特点调整队员的位置，实现专区防守。例如，当执行“边跟进”防守战术时，那些在两侧有出色防守能力的队员可以放置在 6 号位；而当执行“心跟进”时，这些队员更适合 1 号位或 5 号位。根据实际比赛情况，队伍可以将防守技能较为突出的队员调到防守压力较大的位置。当需要在比赛中频繁实施“插上”策略时，队伍可以考虑将二传队员调整到 1 号位（在“边跟进”防守时）或 6 号位（在“心跟进”防守时），这样可以减少“插上”时的移动距离，更迅速地组织进攻。

为了增强后排的进攻力量并提高“立体进攻”的执行效果，队员可以根据需要进行位置调整。将后排进攻能力较强的队员放在1号位或6号位能缩短他们与二传队员之间的传球距离，使队伍能更加顺畅地执行"立体进攻"策略。

换位时应注意以下几点：第一，在进行换位之前，队员需要确保自己的站位是按照规定要求进行的，以防止因"位置错误"而被判罚犯规；第二，当发球队员击出球后，队员应迅速移动到预先规定的位置；第三，在对方发球时，队员应首先专注于接球，待成功接住球后再进行换位，以确保不会因换位而影响接球的效果；第四，本方发球时，正在换位的队员应始终面朝对方的场地，并观察对方的动作和布局；第五，当成死球后，队员应迅速回到原始位置，并尽快做好准备应对下一个回合。

在高校排球教学与训练中，关于阵容配备和位置交换的教学，教师可以充分利用课堂时间，通过多媒体教学工具（如视频或PPT演示），为学生展示这两个概念的具体应用和实例。这种直观的展示方式可以帮助学生理解和记忆。在理论讲解后，教师应组织学生到场地上进行一系列的实际战术活动，让学生在实践中掌握所学知识，从而加深对阵容配备和位置交换的认识。为了更好地让学生体验和应用这些知识，教师可以组织教学比赛，在这种比赛中，学生有机会在真实的比赛环境中应用阵容配备和位置交换的策略，进一步巩固所学知识。当学生在比赛中遇到问题或犯错误时，教师可以及时进行点评和指导，帮助学生找到问题的根源，并提供解决方法。这种实际操作和亲身体验的教学方法不仅可以提高学生的学习兴趣，还能有效地帮助学生加深对阵容配备和位置交换的理解和应用。

三、信号联系

排球运动是一项团队运动，队员间的沟通至关重要，它能确保团队行动的一致性并有效地实施战术策略。如果队员之间的沟通不畅，很可能导致战术失败。因此，在排球运动中，信号联系十分重要。

为确保有效沟通，队伍需要根据其特定的需求和条件来设计和确定信号系统，信号系统通常是由教练与运动员共同商议并确定的。良好的沟通信号应该是实际的、简洁的，并且容易理解。例如，队伍可以使用特定的手势来指示特定的战术动作、利用简短的口头指令来传达信息；也可以为不同的战术策略制定代号，通过这些代号进行沟通。在排球运动中，信号联系主要包括语言信号联系、手势信号联系、落点信号联系、综合信号联系等。

语言信号联系是指通过使用语言直接进行联系。这种方式常用于对即时变化的场景做出反应，但它容易将球队的意图暴露给对方。

手势信号联系是通过预设的手势来表达特定的战术意图。例如，二传队员可以使用手势来向进攻队员示意进攻方向或方式；进攻队员也可以给出手势来向二传队员表示他们的期望；拦网队员也可以使用手势来指示防守队员的部署。

落点信号联系是基于球的落地位置来确定实施哪种战术。例如，一传球落到特定位置可能决定了下一步的战术行动。这种信号方式的优势在于它的机动性和灵活性。

综合信号联系则主要采用手势信号，同时辅以落点和语言信号。在某些特殊场合，这种综合的信号方式能够使团队的沟通更为精准和完整。

在排球比赛中，信号的发出主要有两种：一是二传为进攻手发出信号，如在对方发球前，二传可能会通过显示四个手指来示意主攻队员进行拉开进攻或者通过拇指来通知副攻队员执行前快进攻，当二传准备插上时，他们可以用语言向附近的队员传达意图，并用手势告诉其他两名进攻队员自己的进攻位置和策略；二是进攻手为二传发送信号，这种方式也能实现良好的配合。在排球比赛中，更常见的是由二传来控制场上的节奏和策略，因为二传可以更全面地考虑比赛的各个方面，选择让二传来发信号可以确保更好地进行队伍协调；而进攻手可能会专注于自己的进攻策略，忽视与队友的整体配合。因此，由二传来统一策略和指导，可以更好地确保团队的默契和效率。

在排球比赛中，各队在组织进攻时使用的信号可能会有所不同，但信号的核心目的是一致的，即传达明确的战术信息。信号的关键在于清晰、明确，每个手势或信号都应该只有一个意义。如果一个信号有多种可能的解释，即使是在高水平的比赛中，攻手也可能会误解这些指示，导致战术执行上的失误。特别是在比赛中，球员在需要频繁地接传球或球场环境嘈杂时，仅依赖手势或语音信号可能会不够：手势可能因为视线问题或时间紧迫而没能被看到，语音信号可能因为噪声而被掩盖。因此，在这样的环境下，建立一个语音和手势的双重信号系统显得尤为重要，当一种信号模式失效时，另一种可以作为补充，确保战术信息的有效传达。

在排球比赛中，当信号被发出时，接收者必须给予回应以确认其已收到。如果没有这样的反馈，队伍可能会因为沟通不畅而导致战术上的失误。例如，当二传发出“前快球”信号时，进攻队员执行的动作却与信号不符（如打短平快攻），那么失误的主要原因就是信号传递并未完全达到预期。

在国内的排球比赛中，防守与拦网的配合主要依赖队员的实战经验，而完善的信号系统的建立与国际比赛中的标准仍存在差距。在防守和拦网的沟通中，信号通常是由拦网队员发出，如紧握拳头表示“我将跟随对方球员移动”，展开手掌则意味着“我将根据球的位置进行拦网”。这是因为在防守过程中，防守队员的位置通常会随着拦网队员的移动而调整；而在拦网中，真正完美拦截的机会并不多，大部分时候是为了限制对方的进攻选择。因此，对于拦网与防守的沟通，队伍应认识到它们是整体的配合行为，并且指令应该清晰地传达给后排的所有队员。

第三节　个人战术与集体战术

一、个人战术

个人战术是指球员针对比赛现场的具体环境，有策略地运用其个人技能。这种策略性的应用不仅可以增强球员技能动作的成效，还可以弥补团队战术上的短板。在排球运动中，个人战术主要包括发球、二传、扣球、拦网和防守等方面。

（一）发球个人战术

发球个人战术要求球员根据比赛的实际情况以及对方的接发球技能，灵活地选择战术球种，目的是干扰对方的首次接触，从而限制或打压对方的进攻机会，为我方赢得比赛创造优势。值得注意的是，发球是排球运动中唯一不会受到对手直接干预的环节，因此发球者在此时拥有较大的决策自由度。常见的发球个人战术包括提高发球的难度、控制落点的发球、改变弧度的发球、改变位置的发球、改变速度的发球等。

提高发球的难度主要是为了让发出的球速度更快、弧度更低、旋转更剧烈或者有更大的飘动效果，以实现直接得分或打乱对方进攻节奏的目标。

控制落点的发球分为找薄弱区域发球和找人发球。找薄弱区域发球是将球发到对方的特定区域（如两个队员之间的接触区或者靠近边线和后场线的区域），从而增加对方接球的难度。找人发球包括以下几种方法：一是将球发向对方参加进攻的队员，迫使其先接球后进攻，以打乱对方进攻的节奏；二是将球发给技术稍逊、情绪容易波动、注意力分散或刚刚替补上场的队员，使其更容易出现失误；三是将球发给对方二传或者使球落在其移动路线上，迫使他进行接球，从而破坏其组织进攻的能力。

改变弧度的发球是在发球时改变球的飞行弧度，这一方法主要通过调整上旋或使用左旋、右旋来实现，从而降低对方的一传成功率。例如，在场地上方无遮挡时，发球者可以选择高吊发球，此时球在空中下降时的重力加速度会使对方感到不适应。

改变位置的发球是指发球队员可以选择在端线附近、端线中间或远离端线的位置发球，也可以选择在端线的左侧或右侧进行发球。不同的站位可以实现不同的发球性质和落点，从而给对方带来更多的不确定性。

改变速度的发球是指队员可以选择进行高点、近网、快速的飘球或跳跃发球，以此达到先下手为强的效果；也可以选择慢速、高弧度的发球方式，利用速度的变化使对方感到不适应。

关于如何选择发球个人战术，队伍可综合考虑以下几点：第一，当我方处于得分困难、比分落后的局面或面对对方强劲的进攻时，队伍应增强发球的攻击性，目的是尝试改变当前的劣势；第二，当我方比分领先时，队伍可以使用更有攻击性的发球，进一步加大比分差距，确立优势；第三，当我方连续发球失误、对方进行战术调整（如暂停或换人）、对方处于较弱的进攻轮次或连续接发球失误时，发球的准确性就显得尤为重要，这是我方追分或进一步扩大领先优势的好机会，不能因为发球失误而丧失这些机会；第四，在比赛的关键阶段（如决胜局），发球的准确性就更加重要，在这种情况下，队伍应避免不必要的风险，确保每次发球都能为我方创造进攻的机会，而不是给对方带来得分的机会。

（二）二传个人战术

二传个人战术意在通过空间、时间和动作的策略变化，有序地发起进攻策略，为攻击球员创造优势，打破对方的拦网，进而压制对方的防守组织。在运用二传个人战术时，队伍需注意以下几点问题。

第一，根据本方队员的特质、当下的技能展现以及他们在场上的位置，队伍应变通地使用集中或分散的策略，以及近网、中网或远网，高或低的弧度传球。根据实时比赛情况，队伍应明智地选择在哪里进攻及进攻频率，如关键时刻，队伍应优先考虑将球传给技术发挥出色或主攻的队员。

第二，根据对手的拦网布局，队伍应尽量避免向拦网能力较强的区域传球，而是选择对方的弱点来发起进攻，从而在某些区域形成人数上的优势。

第三，队伍应了解并利用对方的心理模式，制定一系列的战术来干扰对方的防守或进攻。例如，队伍可以先将球多次传给中心然后突然变为分散，或相反；在扣球的选择上，队伍可变化先后顺序或优先级，确保传球给 4、3、2 号位置的比例合适。

第四，队伍应根据比赛进程及一传的效果（如是否到位、球的高度以及距离网的远近）来适当调整技术和战术选择。例如，如果传球准确，队伍可以快速切换战术；如果传球位置不佳，队伍可以调整传球策略；对于冲网的高传球，队伍可以采用跳跃传球、单手传球或直接将球吊入对方场地。

（三）扣球个人战术

扣球个人战术是根据比赛实际情境下对方的拦网及防御策略，队员有意识地选择最佳的扣球方式和方向来有效突破防线。

常见的扣球个人战术主要有扣球线路变化、扣球动作变化等。扣球线路变化的策略包括：扣球时选择直线或斜线、长线或短线的组合来进行进攻；利用与助跑路线方向不同的扣球路线（如直线助跑扣斜线球、斜线助跑扣直线球等）迷惑对方拦网和防守队员；向防守技术差和意志不顽强的队员或对方防守薄弱的区域扣球。扣球动作变化的策略包括：利用转体和转腕技术突然改变扣球的方向，从而绕过对方的拦网；超出手高点的扣球，可以利用高度优势从对方的拦网手之上打球；选用正面扣球变为勾手扣球动作，造成对方拦网判断失误；高点平打，造成球触拦网手后飞向后场远区或有意向两侧打手出界；利用突然性的两次进攻，造成空网或一对一进攻的有利局面；有意识地提早或延迟扣球时间，使对方难以掌握拦网的起跳时间；突然用单脚起跳扣球，使对方来不及拦网；运用轻扣或吊球技术，使球随拦网队员一同下落，增加拦网队员自我保护球的难度或使球落在对方网前或拦网队员的身后；利用“时间差”“位置差”“空间差”等个人扣球动作变化，晃开对方拦网。

运用扣球个人战术时，队伍应注意以下几点问题：第一，扣球的效果受队员的跳跃高度、技能水平、战术意识以及二传球质量的影响，在准备扣球前，队员应对一传球进行评估，预测可能的战术选择，并根据二传球的特点确定最佳的扣球时机和地点；第二，队员应密切关注对方的防守布局，了解其拦网和防守策略、特色和潜在的弱点，从而找到最佳的进攻机会，观察的最佳时机包括暂停期间和进行一传但球还未抵达二传队员手中的瞬间；第三，在进行扣球动作时，队员需要在空中对对方的拦网和防守情况进行迅速评估，包括对方拦网队员的数量、起跳高度、起跳时机、拦网位置和手势以及场上其他防守队员的位置，这些因素都会影响队员选择的扣球战术。

（四）拦网个人战术

拦网个人战术是观察对方的攻击动作，然后通过正确的起跳时机、拦网的高度、手形等策略，来有效阻止对方的进攻。

拦网个人战术一般采用以下几种方法：第一，拦网队员可以通过改变自己的站位和拦球方向来迷惑对方，如站在直线位置但拦斜线球、站在斜线位置但拦直线球，甚至可以在空中利用倒手的假动作进一步增加迷惑性；第二，拦网队员故意露出一定的空隙，似乎给对方一个进攻的机会，但当对方真的选择这个方向进攻时，拦网队员会迅速调整位置，封堵这一空隙，这种战术就好像是“诱敌深入”然后“关门捉贼”；第三，拦网队员在觉察到对方可能会打出打手出界球时，可以在空中迅速撤手，避免触碰球，使对方的扣球直接出界；第四，在面对对方可能的轻打或吊球策略时，拦网队员可以先做出拦网的假象，但在关键时刻迅速撤下，准备迎接轻打或吊球，从而完成有效的防守。

在运用拦网个人战术时，队伍需要注意以下问题：第一，重点分析对方的进攻策略（包括一传、二传和扣球的技巧和战术），在深入观察和判断后，再做出对应的策略调整；第二，针对对方的主要扣球队员（特别是那些攻击威胁较大的）或是在我方防守较弱的位置进行拦网；第三，每位扣球队员都有其独特的技巧和常用攻击路线，了解这些后，队伍应将注意力放在主要的威胁上，并进行针对性的策略调整；第四，对于善于改变扣球路线的队员，拦网队员不应过早地展示自己的拦网意图，应等到对方的进攻路线明确后，再迅速进行拦截或在空中调整拦网方向。

（五）防守个人战术

与接发球相比，防守垫击更加不可预测，具有更强的突发性，因此其挑战性更大。通过精确的判断，防守队员需选定一个有利的位置，并采用适当的击球技巧来稳妥接住球，为接下来的进攻策略奠定基础。

1. 合理取位

合理取位对于有效的防守至关重要，合适的站位取决于对方的进攻策略、战术特性以及不同的打法。一般来看，合理取位的方法主要包括以下几种。

（1）根据对方扣球手的特点取位。当对方主要采用扣球方式进攻并较少使用吊球时，防守队员的站位应偏后，主要集中于预判对方的扣球方向和力量。但如果对方同时采用扣球和吊球战术，防守的站位就需要更加灵活，特别是那些负责应对吊球的队员，他们需要在保持对扣球的防守警觉的同时，随时做好位置调整来应对吊球。若对方的主攻策略偏向斜线，那么防守队员的焦点应当是对斜线的防守，有时可以适度减少对直线的防守。如果对方的主攻手具有出色的扣球技术，当 1 号位队员前进防守时，6 号位队员需要高度警觉并做好补位；如果 1 号位队员能够有效地防守大角直线和中直线，6 号位队员则应适当后撤，确保守住可能越界的球或落入 6 号位区域的球。

（2）根据本方拦网情况取位。防守队员需要根据我方是否形成双人或单人拦网、对方在调整进攻后我方是否形成双人或三人拦网、主要拦网方向、对方可能的进攻线路以及拦网人员之间的间隔来决定站位。例如，当主要拦防直线时，防守小斜线的队员必须迅速转身对准进攻者，并迅速移动到适当的位置；如果拦网策略是防斜打直，直线防守者必须靠近边线以更好地阻挡强力扣球；如果拦网队员之间存在间隔，防守者需特别关注中间的空当，确保移动到没有死角的位置，并特别注意中间的漏球。

（3）根据场上情况变化取位。防守队员的站位还需根据比赛中的实时情况来调整。例如，当对方二传球的位置离网较近且我方拦网队员位置不佳时，防守者不仅要定位于球的落点，还应适当前移以更好地接球；而当球离网较远或我方拦网队员已就位时，防守站位应适当后退，这样不仅能更好地防守重扣，还能为拦截对方的打手球做好准备。目前在国际大赛中，很多队伍都采用让 6 号位的防守队员站在底线两侧的策略，旨在防守对方的超手扣球和平飞球。

（4）根据对方扣球队员的心理活动取位。在比赛过程中，随着局势的演变，运动员的心态和策略可能会调整。例如，当对方的扣球队员在强烈扣球连续被拦住或成功防守后，他可能会调整扣球路线或使用吊球策略，这时防守队员应洞察这种策略调整，根据对方的心理和战术变化来调整自己的站位，并迅速移动来完成防守任务。

2. 合理运用防守技术

从 20 世纪 60 年代垫球技术出现以来，防守技术一直都被采用。之后，由于防守规则的改动，防守技巧得以不断创新，呈现出更为多元和科学的特点。防守技术主要包括以下几种。

（1）低位防守与高位防守。低位防守是过去经常被强调和使用的方法，特别是在面对重扣球时具有独特优势。然而，20 世纪 90 年代后，随着球速的提升以及新的防守战术（如内收式防守）的涌现，传统的靠后低位防守方式逐渐被靠前的高位防守替代。高位防守策略可以减少左右移动的距离，更好地拦截扣球路线。当面对重扣时，防守队员可以利用身体的倾斜来缓冲；而对于飞行轨迹过高的球，防守队员还可以使用挡球技术。在世界级别的比赛中，尤其是男子排球比赛，高位防守已成为主流。

（2）各种滚动扑救与铲球。在防守战术中，除了常规的移动垫球，面对某些来球时，运动员还可以采用倒地救球的方式。尤其当面临防止对方轻击、调整位置、保护区域或挽救出边界的球时，鱼跃、翻滚和扑救等技术都被广泛应用。合理地使用这些技术能够显著地扩展防守的范围和深度，并为团队争取更多的起球时间。由于现代排球运动员身材越发高大，这为防守带来了一些挑战。鱼跃和奔跑救球通常在后场或面对飞出边界的球时采用。而对于场内的轻击，运动员通常会选择向前倾身并用单手铲起，这样既可以利用他们的身高优势来实现有效的救球，又可以减少身体移动，避免干扰队友。在男子排球比赛中，地面铲球技术的应用尤为频繁。

（3）脚踢球技术。自从规则调整允许运动员用全身各部分触球后，脚踢球技术开始受到注意。起初，球员用脚触球更多是面对突发情况的本能反应，并不常见。但随着对规则的深入理解和技术的不断总结，一些球队已针对这一技术进行专项训练。因此，脚踢球技术从一个无意识的反应逐渐转变为有策略的选择，特别是在拦网后的保护、补位防守或是在追求高远球时用手难以及时接到球的情境中应用十分广泛。

在高校排球教学中，关于个人战术的教学应当安排在学生的基本技术达到一定的水平之后。教师可以通过模拟比赛的实际环境，根据场上的情况对学生进行适时的讲解，使学生能够理解和体验战术的应用。教师还可以设计一些技战术的串联练习，这样有助于学生更好地掌握和运用个人战术，从而在实际比赛中更加得心应手，提高自己的能力水平。

二、集体战术

集体战术是指两个或两个以上的队员，根据排球规则、排球运动的规律、彼我双方的具体情况以及临场的发展变化，灵活地运用合理的技术，并按照一定的形式，所采取的有组织、有目的和有预见性的集体配合行动。①

（一）进攻阵型

进攻阵型是指在进攻过程中球员所采取的组织布局。一个科学且合理的进攻阵型能更好地为集体战术提供支撑。在当代的排球比赛中，进攻方式已经逐渐从前排球员独立进攻转变为全队参与，形成了一个集速度与力量、前场与后场于一体的立体进攻模式。在这种模式中，后排球员不仅能够参与进攻，还能与前排球员紧密配合，使进攻更为流畅和具有冲击力。简而言之，传统的仅由前排球员组成的进攻模式已无法满足现代排球运动的需求。当前的进攻阵型可以根据二传球员的位置和前后排参与的球员数量进行分类，其中包括前排二传球员组织的“中一二”和“边一二”进攻方式以及后排二传球员组织的“插上”进攻方式。

1.“中一二”进攻

“中一二”进攻是由位于前排中心的3号位球员担任二传职责。在这种模式下，其余5名球员负责将接到的球传给二传球员，接着由二传球员将球分给4号位、2号位或后排的队员进行攻击。这种进攻策略是排球进攻中最基础且简单的方式，它的显著特点是二传球员位置中心化，这使二传球员与场上各个点的距离相对较短。由于任务分工明晰且战术

① 张建军．排球战术[M]．天津：南开大学出版社，2005：2.

配合简洁，这种进攻方式便于快速组织和执行。这种策略的局限性在于其战术配合选择相对有限，进攻方向较为单一，容易被对方预测和破解。因此，“中一二”进攻更多的是被初级或技术层次较低的队伍采纳。但在一些紧急场合，即使是技术较高的队伍也可能选择使用“中一二”进攻。

2.“边一二”进攻

“边一二”进攻是由位于前排侧边的2号位球员担当二传角色，并站位于2号位和3号位之间。在这种模式下，其他队员负责把球传给这位二传球员，接着由他分球给3号位、4号位或后排的任意一名队员来完成进攻。由于起点在边上，因此这种战术被命名为“边一二”进攻。“边一二”进攻相对简单，初学者可以轻松地掌握，但由于它对一传和二传的技术要求都相对较高，组织“边一二”进攻所面临的挑战要大于“中一二”进攻，其战术配合也更加丰富和复杂。这种战术的优势在于，由于前排的2名进攻球员位置接近，他们可以方便地为彼此提供掩护并执行复杂的进攻配合，如此可以设计更多的变速战术。因此，“边一二”进攻比起“中一二”进攻，更具有出其不意的效果和进攻力量。

3.“插上”进攻

“插上”进攻是由后排球员移动至前排来担任二传的角色，然后分球给前排的3名球员或后排的另外2名球员来完成进攻。这种策略得名于后排球员的这种“插入”动作，其显著特征是前排始终保持3个进攻点，使整个网前都能得到充分利用。这种布局有助于发挥球员之间的进攻配合，通过相互掩护来增加突破对方防守的机会。后排的2个进攻点使“插上”进攻形成了从多个方向、上下交错的立体攻势，更容易打破对方的防守。因此，“插上”进攻更加出其不意并且攻势更为猛烈。这种战术的“插入”动作可以由1号位、6号位或5号位来执行。高技能水平的球队多采用“插上”进攻方式。

（二）进攻打法

在排球比赛中，进攻打法是指一传队员、二传队员和扣球队员之间所进行的各种进攻战术配合的方法，其目的是绕过对手的拦网，成功突破对方的防守，取得比赛的主动权，并最大化得分机会。根据这些配合的方式和特点，进攻打法可被划分为四个主要类别：强攻、快攻、两次攻和立体攻。

1. 强攻

强攻是凭借队员的身高、弹跳能力和扣球技术优势，以力量和个人扣球技巧为主要手段，力求有效冲破对方防守的一种打法。以下是五种常见的强攻方式。

（1）集中进攻。集中进攻是通过二传队员将球传至 3、4 或 3、2 号位之间，使球的落点较为集中，以简单的方式组织扣球进攻的强攻方式。由于其简单易行，初学者和技术水平较低的队伍常采用此打法。

（2）拉开进攻。二传队员将球传到场地靠近标志杆的位置，目的是扣直线或小斜线球，从而绕过对方的拦网，并增加击球出界的机会。

（3）围绕进攻。当进攻队员绕过二传队员移动到其前方进行扣球时，这种进攻方式被称为前围绕进攻；而当进攻队员从二传队员前面移动到其后方进行扣球时，这种进攻方式被称为后围绕进攻。围绕进攻旨在最大化发挥进攻队员的扣球优势，并避免对方的拦网。

（4）调整进攻。在一传出现偏差，球的落点远离网时，二传队员或其他队员会将球调整到网前，再进行扣球进攻。这种策略在接击球进攻时较为常用。

（5）后排进攻。二传队员将球传至距离网 1.5 米的位置，后排队员则从 3 米线后起跳进行扣球。这种后排进攻方式可以进行直线或斜线扣球，由于其扣球位置较远，对方的拦网队员很难判断我方的进攻意图。

2.快攻

快攻在排球运动中是一种包括多种平快扣球技巧和策略的进攻方式，这些策略可以为队友提供掩护，也可以为自己制造进攻机会。快攻最大特征在于其较快的速度和良好的掩护作用，这使快攻能够在短时间内和有限的空间中发挥出巨大优势，从而高效地打破对方的防守。

（1）平快扣球。平快扣球在排球进攻中速度很快，其中二传的球通常较低且平，与扣球者之间的配合节奏紧凑，这种快速的节奏往往会给对方拦网造成困扰。平快球的种类多样，包括前快、背快、短平快、背平快、平拉开、调整快、远网快以及后排快等。成功地执行平快扣球的核心在于二传队员与扣球队员之间的默契配合，二传队员需要深入理解扣球队员的特性，根据对方的起跳时机和一传的特点来适时调整传球策略；扣球队员也要根据一传球的状况和二传队员的习惯，积极地调整自己的进攻策略。

（2）自我掩护进攻。自我掩护进攻是指进攻队员通过自己执行平快球的助跑和起跳的假动作来为自己的下一步真实的扣球动作提供掩护。这种进攻方式主要包括“时间差”进攻、“位置差”进攻、“空间差”进攻、快球掩护进攻等。“时间差”进攻包括前快时间差和短平快时间差，这种策略是基于起跳时间的不同来执行扣球进攻，在这种战术中，扣球队员首先进行一个伪装的攻击（包括助跑、起跳和摆臂），使之看起来极为真实，当对方的拦网队员被这一假动作吸引并起跳后，扣球队员会突然在原地重新起跳，进行第二次真正的扣球。“位置差”进攻又被称为“错位”进攻，包括短平快错位和前快围绕错位进攻，这种策略是基于起跳位置的不同来进行扣球进攻，执行这种策略时，扣球队员会先做出起跳的助跑动作，但当对方拦网队员被这一假动作诱使起跳时，扣球队员会突然向旁边迈步起跳进行真正的扣球。“空间差”进攻包括前飞、背飞和拉三拉四等进攻手法，其核心是通过在空中移动位置，创建时间和击球点上的变化来进行进攻。快球掩护进攻是一个进攻队员通过使用各种平快球进行伪装攻击，作为掩护，接着二传队员会将球传给另一个进攻队员进行实际的扣球进攻，这种自我掩护策略除了中心平快球作为掩护和两侧的拉开进攻方式，还包括交叉进攻、夹塞进攻、双快一跑动进攻等。

3. 两次攻

当首次传球的轨迹较高并且位于网前时，前排球员可以直接对球进行攻击或轻轻打入对方的场地，也可以假装攻击并将球传给其他前排球员。这种可以连续两次攻击的策略被称为“两次攻”。这种方式可以加快进攻节奏、增加进攻变化，使对方的防守更为困难。但由于这种战术对第一次传球的质量要求较高，并且技术执行难度大，所以在比赛中的应用不是特别频繁，通常在对方的发球攻势较弱或轻轻传送球过来时使用。

4. 立体攻

前排球员使用各种快速攻击策略进行组织，同时为后排球员提供掩护，允许他们从后排起跳攻击，从而形成纵横交错的全方位进攻模式，这种策略被称为“立体攻”。这种进攻方式能够带来人数上的优势和更多的进攻点，结合了近网和远网的打法，为对方的拦网和防守带来了更大的压力。但这种策略执行起来较为困难，需要队员之间有很强的配合。在使用这种策略时，队伍应以前排球员的进攻为核心，后排球员的进攻为补充。前排球员的快速冲击是策略的关键，只有他们真实地吸引对方的拦网，后排球员才能得到更好的进攻机会。

（三）教学组织

在高校排球教学与训练中，提升学生的集体战术必须贯彻战术意识，按照“先进攻再防守，从简单到复杂，循序渐进”的教学理念，首先引导学生学习“中一二”进攻，然后再深入教授“边一二”和“插上”进攻。在学生掌握了基本的进攻方法之后，教师要重点指导学生如何将进攻与防守阵型进行有机结合，并进行综合训练。

1. 讲解示范

为了让学生对战术有一个整体的了解，教师应要求学生课前对相关内容进行预习。在课堂上，教师要对各种战术策略的重要性、功能及其在实际比赛中的应用情境进行详细解释。这样可以帮助学生明确各个位置的职责、移动路径和协同作战的具体方法，从而建立完整的战术视野。

2. 教学重点和难点

教学重点是强调排球基础战术的布局、打法，并培养学生在实战中策略的灵活变换能力。而“插上”进攻方式在比赛中的具体应用，是学生学习过程中可能会遇到的一个主要难点。

3. 练习方法

（1）基本阵型练习。基于战术需求，教师可以组织学生模拟六轮的战术移动训练，以加深对新战术的认识。首先进行的是“中二传”进攻阵型的练习，教师站在 6 号位置抛球，3 号位的队员负责将球传给 2 号和 4 号位队员进攻，当移动和击球技巧熟练后，教师可以使用跨网投掷和专人垫球来进一步增加训练难度。之后进行的是“边二传”进攻阵型的练习，教师站在 5 号位置投掷球,2 号队员传球给 3 号位和 4 号位队员进攻，随着技巧的熟练，教师同样可以考虑使用跨网投掷和专人垫球来增加训练难度。

（2）结合接发球练习。教师从对方场地投掷球，后排队员接球，然后由二传队员将球传到指定位置，组织“中一二”或“边一二”的进攻策略，并尽可能融入后排的立体攻击。之后，教师可以从更近的距离或发球区进行发球，不断加大接发球的训练难度。学生也可以分组进行一对一的接发球练习。

（3）结合接扣球练习。教师站在场外进行扣球，6 号位的队员防守，二传队员组织常规进攻、快速进攻或后排进攻。随后，训练过渡到跨网扣球，学生在另一个半场进行扣球，随后组织本方的进攻策略。

（4）结合接拦回球练习。教师站在高位模拟各种回击，场上队员执行自己的任务，负责防守并组织进攻。随后，教师可以让学生在2号位和4号位进行扣球，让本队进行双人拦网的接球训练。

第四节　战术系统与战术意识

一、战术系统

排球运动的战术系统是对进攻、防守和具体打法的综合应用。在排球比赛中，进攻与防守如影随形，始终相伴，且攻防之间的转换极为迅速。为了在激烈的比赛中占得先机，团队需要灵活地运用进攻、防守和打法策略。经过长时间的实战研究，我国的排球专家和教练员根据比赛实际，总结并划分了排球战术的四大系统，分别为接发球进攻系统、接扣球进攻系统、接拦回球进攻系统和接传垫球进攻系统。考虑到排球比赛采用“每球得分制”，这些战术系统的重要性不言而喻。每一次战术执行的成功可以为队伍带来得分，失败则可能导致失分。

（一）接发球进攻系统

当球队成功接起对方的发球并组织进攻时，这就构成了接发球进攻系统。良好的发球接应以及随后的进攻不仅能为队伍带来得分机会，还能有效地为接下来的扣球及其进攻打下基础，减少压力。

（二）接扣球进攻系统

接扣球进攻系统是指队员在球网附近成功拦下对方的进攻，并随即进行反击的战术系统。这种策略涉及对对方的各种进攻方式进行拦截，并随后迅速组织进攻。

（三）接拦回球进攻系统

当对方成功地拦截了本队的进攻，而球仍然在本队这边时，回应拦截并再次组织进攻就显得尤为重要。这种情况经常在比赛中出现，因此对此种战术的掌握和应用能够帮助球队从被动局面转为主动。

（四）接传垫球进攻系统

接传垫球进攻系统是指在成功接起对方传或垫过来的球后的进攻策略。通常，对方在无法有效组织进攻或出现失误时会选择这种打法。对于初学者，这种情况更为常见，因此把握这一机会并成功地组织进攻能为球队带来得分机会。

在上述的四个战术系统中，除接发球进攻系统之外，其余三种又被统称为“防反”。

二、战术意识

排球战术意识集技术目的、预见行动、准确判断以及技术与协作的合理运用于一体，能够体现运动员在技术操作中如何心理上驾驭和达到战术目标，在实践中如何正确使用技术以满足战术需求的经验和适应能力。从内部来看，战术意识是对战术认知的心理活动和认知层次；从外部来看，战术意识则是运动员在战术上的素养和表现。拥有强烈的战术意识能助力运动员更好地施展技术，增加比赛经验，与队友建立紧密的合作，并在比赛中得到全方位提升。

排球比赛是一个动态的过程，运动员需随时保持清晰的思维和明确的目标，根据比赛的节奏和变化，合理地应用技术以实现团队配合。他们需要依赖各种战术，确保自己的动作正确，技术动作完成得当。为了培养战术意识，日常训练中运动员不仅要注重技术技能的掌握，为战术提供坚实的基础，还要学习排球的理论知识，总结实际比赛的经验，并勤于思考，活跃思维，从而打造出强大的战术意识。

实践证明，运动员在比赛中的决策、适应及应对实战的能力、技术和战术的应用都与其战术意识紧密相连。每一项技能和策略在应用时都蕴含着战术意识的元素。拥有出色的战术意识可以在多个方面助力运动员达到更高水平。因此，战术意识是排球战术的核心组成要素。

三、战术意识的培养

（一）在技术教学中培养学生战术意识

技术和战术意识是紧密相连的，一种技术的运用常常对应一个或多个战术目的。因此，当教授某一项技术时，教师不仅要让学生了解和掌握这项技术的具体动作和技巧，还要引导学生理解这一技术在实际比赛中的应用和意义。例如，当教学控球技术时，教师可以通过描述或演示在比赛中如何利用这一技术来打破对方的布局、创造得分机会或进行有效的传球，让学生在掌握技术的同时，明白这一技术背后所蕴含的战术思考和判断。

培养学生的战术意识需要提供充足的实践机会。在实际操作中，学生会遇到各种各样的情境和问题，需要根据具体情况来决定如何运用所学技术。通过反复的实践，学生不仅可以巩固和加深对技术的理解，还能够逐渐形成战术意识，学会根据比赛的发展和变化来灵活运用技术。

教师还应当鼓励学生之间的讨论和交流。在交流中，学生可以分享自己的经验和看法，互相启发，更好地理解技术和战术的关系。教师也可以通过提问和引导，帮助学生思考技术在不同情境下的运用，从而进一步培养学生的战术意识。

（二）在战术教学及比赛中培养学生战术意识

在教学过程中，解构各种战术布局和策略，帮助学生理解每一种战术的目的和应用场景是培养学生战术意识的关键。通过讲解、训练和实战模拟，学生能够体验不同战术情境下的决策过程，从而深化对战术的理解。例如，当介绍进攻战术时，教师可以描述如何在对方的防守漏洞中寻找机会、如何利用队友的移动来创造空间、如何利用自己的技术优势来突破对方的防守。

真实的比赛则是检验学生战术意识的最佳场所。在比赛中，学生需要根据实际情况快速调整自己的战术策略，与队友进行有效的沟通和配合。教师可以在比赛前后与学生讨论比赛策略，分析比赛录像，找出成功和失败的原因，从而加深学生对战术意识的理解。而在比赛中，遇到突发情况或策略需要调整时，学生的反应速度和决策质量会体现出他们的战术意识程度。

（三）在心理训练中培养学生战术意识

在心理训练中，教师要注重培养学生的自信心和自我效能感。当学生对自己的能力有充分的信心时，他们在面对复杂的战术选择时更容易保持冷静、准确判断并作出明智的决策。

加强情境模拟是另一个有效的方法。通过模拟比赛中可能出现的各种情境，教师可以让学生体验在不同情境下的决策过程，培养学生在实际比赛中快速适应和调整策略的能力。情境模拟可以帮助学生预测可能出现的问题，提前制定策略，从而在真实比赛中迅速做出反应。

培养学生集中注意力的能力也是心理训练的重点之一。在比赛中，分心或注意力不集中可能导致战术失误。通过专注训练（如冥想、放松练习等），使学生能够在比赛中保持注意力集中，更好地理解和执行战术。

建立一个积极的心理氛围对于学生战术意识的培养同样重要。教师需要鼓励学生勇于尝试新的战术策略，不怕失败，从中汲取经验，逐步形成独特的战术视角和思考方式。

第五章　排球运动员的素质训练

在高校排球教学与训练中，只有战术、技术训练是远远不够的，教师还需要对学生开展一系列的素质训练。本章将重点解析排球运动员需具备的身体素质、心理素质等方面的训练与教学方法，以期为排球运动员提供一套完整的理论和实践指南，助力他们在竞技场上展翅飞翔。

第一节　排球运动员素质训练概述

排球运动是一项竞技性高、对抗激烈且强调团队协作的运动，不仅要求参与者具备一定水平的身体素质，还要求参与者有能力集中注意力，排除外部干扰，以确保技术和战术的正常发挥。在高校排球教学与训练中，排球运动员的素质训练既包括身体素质训练，也包括心理素质训练。

一、排球运动员素质训练的意义

（一）身体素质训练的意义

1.身体素质是排球运动员技术发挥的基础

身体素质与排球技术之间存在着紧密的联系，身体素质是排球运动员技术发挥的基础。只有当运动员具备出色的身体素质时，他们才能更好地完成动作，实现技术的标准化和最优化。一个显而易见的事实是，无论技术有多高超，如果没有良好的身体素质支撑，运动员很难将这些技术有效地转化为比赛中的实际表现。以排球中常见的技术动作为例，扣球和拦网往往要求运动员有较好的跳跃能力，这背后依赖的是他们出色的下肢力量和爆发力，如果一个运动员的下肢力量不足或爆发力不够，即使他对扣球和拦网技术了如指掌，也很难在比赛中发挥出自己的潜能；同样，一个运动员可能对排球运动的传球技术了然于胸，但他如果没有良好的身体协调性，很可能会在接应和传球时出现不流畅的动作，这无疑会降低比赛效率。身体素质还为运动员提供完成技术动作所需的稳定性和连贯性，一个具备优越身体素质的运动员，他在场上的每一个动作都更为稳定、连贯，这使他能更准确、更迅速地执行每一个技术动作，这种稳定性和连贯性不仅可以增加比赛的成功率，还可以降低运动受伤的风险。可见，运动员的身体素质直接决定着他们在比赛中技术的发挥程度。因此，在训练和比赛中，运动员不仅要注重技术的提高，还要注重培养和锻炼身体素质，确保能够全面、高效地展现出自己的技术实力。

2.提高运动员在比赛中的持久性和抗压能力

排球比赛常常需要运动员在长时间内保持高强度的体能输出，而这恰恰依赖于他们的身体素质。耐力好的运动员在比赛后期仍然能够保持状态，减少失误，从而为队伍取得胜利创造条件。因此，提高运动员在比赛中的持久性和抗压能力，不仅是为了确保运动员在比赛中的高水平表现，还是为了保障运动员在关键时刻的心态稳定和技术准确输出。强大的身体素质与这两个能力息息相关，其意义不言而喻。

排球运动作为一种高强度、高节奏的团体对抗运动，对运动员的身体和心理都提出了极高的要求。一场比赛往往会持续 2 个小时左右，运动员需要在长时间内不断地进行攻防转换、跳跃、冲刺等高强度的动作。这时，强大的身体素质就显得尤为关键。只有身体素质出众的运动员，才能在比赛的长时间内保持高效的体能输出，不因疲劳而出现技术动作的退化或失误增加。除此之外，身体素质的高低也直接关系到运动员的抗压能力，当比赛进入关键时刻（如决胜的第五局或者两队得分紧咬），压力和紧张感会让每个人的身体和心理都受到巨大的考验，那些身体素质优秀的运动员，他们的身体更有可能抵御疲劳和压力带来的影响，从而在关键时刻发挥出稳定的表现。

3. 能够有效预防运动损伤

良好的体能基础和正确的动作习惯都能够降低运动过程中受伤的风险，确保运动员的身体健康。在竞技体育中，每一位运动员都期望自己能达到巅峰，展现最佳的竞技状态，这就会导致运动员不可避免地在平时的训练或比赛中出现一些运动损伤。而注重身体素质的训练能够有效地降低受伤的风险。身体素质训练能加强肌肉、韧带和关节的稳定性和弹性，使它们在面对突发的外力或运动中的非常规动作时，能够更好地缓解冲击，减少损伤的可能性。例如，经过专业训练的腿部肌肉能更好地支撑运动员在跳跃、冲刺中的各种动作，同时为身体提供稳固的支撑。

（二）心理素质训练的意义

在当代竞技体育中，心理状态对运动员的表现具有十分重要的作用。运动员的自律和心理平衡不仅能够体现运动员的专业成熟度，还是他们展现高技术和战术水平的关键。比赛实践证明，运动员的心理意识因素直接影响着运动员身体、技术和战术的发挥程度，同时决定着比赛的胜败。[①] 那些在比赛中心态稳健、充满自信的运动员，其表现往往更为稳定，几乎不会有明显的失误。因此，教练和运动员必须深入理解体能与心理状态之间的密切关系，并学会妥善利用这种关系，以便最大化地发挥运动员的潜在能力。如今，心理训练已被纳入运动训练领域，与身体、技术、战术训练并列，成为现代科学训练的核心内容之一。具体

① 屈东华．试论竞技排球运动的主要制胜因素及发展趋势[J]. 湖北体育科技，2001（3）：29-31，34.

来看，排球运动员心理素质训练的作用主要体现在以下几个方面。

1.有利于塑造良好的竞技状态

心理素质训练有助于排球运动员心理品质的发展，保证运动员进入良好的竞技状态。排球运动竞争激烈，对运动员的心理压力颇大，这种压力往往会导致运动员感到焦虑、情绪波动，从而影响他们在场上的表现。心理素质训练正是为了应对这种情况，旨在通过各种方法和手段，帮助运动员发展其心理品质，从而确保他们在比赛中能够达到良好的竞技状态。例如，心理素质训练可以帮助运动员消除焦虑、稳定情绪，增强他们在比赛中的心理稳定性，这样当排球运动员面对压力时，他们已经拥有了足够的心理准备，能够更好地应对各种竞技场上的变数，从而充分发挥自己的技术和战术水平，达到理想的竞技状态。

2.有利于掌握运动技巧

排球运动技巧不仅是身体的移动和动作，还与心理状态、情感和注意力的调整息息相关。当运动员面对高强度的比赛或训练时，心理的稳定性和集中力成为决定性的因素，这意味着运动员需要拥有一种特殊的心智能力，这种能力可以帮助他们在比赛中快速、准确地做出判断和决策，从而掌握和应用运动技巧。运动技巧是一项复杂的结构系统，它的形成和发挥依赖于生理和心理两方面的有机结合，生理机能的良好发展为技巧提供了基础，心理机能的良好发展则为技巧提供了支持。一个典型的例子是，在关键时刻，如果运动员心态失衡，他可能会在操作上犯错，而这种错误可能与他的身体机能并无关系，更多的是因为他的心智状态并不是最佳。因此，在高校排球教学中，心理素质训练不应被视为附属的或可选的部分，而应与身体训练、技术训练和战术训练一起，成为高校排球教学的核心内容。

3.有利于心理状态的调整

排球运动员在比赛中往往面临激烈的对抗和巨大的心理压力。比赛中的每一分、每一秒都可能决定比赛的走势，这使运动员在短时间内要进行大量的判断、决策，并且准确执行。在这样的情境下，排球运动员需要具备强大的心理素质，而心理素质训练是帮助运动员储备能量、提高其心理素质的重要途径。运动员可以通过心理素质训练，学会如何有效地管理自己的情感，保持冷静和专注，从而形成训练和比赛所需的适宜心理状态。这种状态不仅有助于运动员更好地应对比赛中的变化和挑战，还可以增强他们的自信心，使其在关键时刻能够做出正确的决策。运动员的感知、思维、注意力、情感和意志等心理过程在比赛中也发挥着十分关键的作用，一个稳定的情感状态可以帮助运动员在扣球、拦网或发球时保持冷静，从而提高动作的准确性；敏锐的感知和集中的注意力则能确保运动员及时捕捉到比赛中的每一个细节，从而做出最佳反应。因此，心理素质训练对于运动员在高强度、高竞争性的比赛中保持稳定表现、发挥出最佳水平具有重要意义。

高校心理素质训练旨在提高运动员的心理品质，使其能够适应竞技场上的高压和激烈竞争。这样的训练有助于他们在面临巨大压力时仍能保持清醒的头脑，始终处于最佳的心理状态，为技术的完美展现奠定坚实的基础。

二、排球运动员素质训练的任务

（一）身体素质训练的主要任务

在高校排球教学中，身体素质训练的主要任务包括发展力量素质、发展速度素质、发展柔韧素质、发展耐力素质等。

1.发展力量素质

力量素质是指人体肌肉工作时克服或对抗阻力的能力。[①] 力量素质是肌肉或肌肉群在短时间内所能产生的最大力量，它是身体各项素质的基石，涉及身体的每一次动作，无论是微小的筋膜振动还是大范围的跳跃

① 徐海波．大学生体能训练理论与方法解析[M].长春：吉林人民出版社，2020：68.

与冲刺都与力量素质有关。

在排球运动中，运动员的每一个动作几乎都与力量有关。例如，扣球时胳膊的摆动需要强大的肌肉力量来产生足够的力，使球以最快的速度飞出；接应时，强大的腿部力量能确保运动员迅速移动到适当位置并稳定地站立；即便是一个简单的传球动作，也需要稳定的上体力量和灵活的腕部控制。

排球比赛中的争夺在很大程度上依赖于运动员的力量输出，一个学生如果在高校的排球训练中没有得到充分的力量训练，那他在比赛中很可能会遇到困难，因为他无法有效地发挥技术或执行教练的战术要求。更重要的是，力量素质的训练也可以在很大程度上预防伤害，确保学生的身体健康。随着学生逐渐成为更高水平的运动员，他们将面临更大的挑战（包括更强的对手和更激烈的比赛），只有拥有了足够的力量素质，他们才能应对这些挑战，充分发挥自己的潜能。因此，发展力量素质不仅是高校排球教学的重要组成部分，还是确保学生在排球比赛中表现出色、安全地参与比赛的基础。

2.发展速度素质

速度素质是指运动员在一定时间内完成某项运动动作或达到预定距离的能力。在许多运动项目中，速度常常是决定胜负的关键因素，而在排球运动中，速度同样具有至关重要的地位。

排球运动要求运动员在短时间内对快速变化的比赛形势做出判断并采取相应的行动。无论是发球、扣杀、防守还是接应，速度都是每一项技术的核心要素。例如，一个迅速而精准的发球能够给对方制造压力，迅速的移动和判断则使球员能够更好地拦网和防守。发展排球运动员的速度素质不仅意味着提高他们在场上的移动速度，还意味着提高他们的反应速度和决策速度。一个具备高速度素质的运动员能够更快地适应比赛节奏，更迅速地做出决策，这在紧张的比赛中往往能够成为制胜的关键。

在高校排球教学中，发展学生的速度素质不仅可以提高他们的竞技水平，还可以培养他们的快速反应和判断能力，这对于他们未来在其他领域中的发展也是极其有益的。速度训练也有助于增强学生的协调性、灵活性和专注力。因此，在高校排球教学中，发展学生的速度素质是很有必要的。

3. 发展柔韧素质

柔韧素质是指身体部位或全身关节的活动范围以及肌肉、韧带的伸展能力。这一素质能够保证身体在不同的动作中维持平衡与协调，同时提供良好的肌肉伸展和关节灵活性，从而达到更好的运动效果。

在排球运动中，柔韧性有着至关重要的作用，从低位传球、扣球到拦网，每一个动作都需要身体某一部分或多个部分的伸展与弯曲。例如，在扣球时，手臂需要在短时间内完成大幅度的挥动；而在低位防守时，运动员需要快速下蹲并维持稳定的体位。没有足够的柔韧性，这些动作将难以完成或者不够精确，这就限制了运动员在场上的表现。

在高校排球教学中，发展学生的柔韧素质是提高学生整体运动表现的关键。更为重要的是，良好的柔韧性还能够预防运动损伤，当肌肉和关节拥有良好的伸展能力时，突发的冲击或变化的动作方向都不容易导致扭伤或拉伤。因此，柔韧性的训练不仅可以帮助学生更好地执行排球技巧，还能确保他们在训练和比赛中减少受伤的风险。而在高校的环境中，学生的身体仍在发育，肌肉和关节还具有很好的塑性，这为柔韧性训练提供了良好的机会，也意味着此时的训练效果会更为明显。因此，发展柔韧素质无疑是身体素质训练的主要任务之一。

4. 发展耐力素质

耐力素质指的是在较长时间内持续进行体力活动的能力，涉及心肺功能的持续供氧以及肌肉对于持续工作的适应性。简而言之，耐力决定着一个运动员在长时间的运动中如何维持较高强度的表现。

在排球运动中，单次得分的时间可能并不长，但比赛整体却对运动员的心肺功能和肌肉的耐力进行了综合的考验。从开赛到终场，运动员需要在攻防转换、跑动、跳跃、扣球和发球等多种活动中保持较高的能量输出，如果运动员的耐力不足，到了比赛的后段，其技术表现往往会因为体能下降而受到影响，这对团队的整体表现是非常不利的。发展排球运动员的耐力素质不仅能够帮助他们在比赛中保持持续的高强度表现，还有助于加速体内废物的代谢，缩短恢复时间。耐力训练可以提高心肺的工作效率，增强血液循环，从而为肌肉提供更充足的氧气和营养。良好的耐力也意味着运动员在比赛中更不容易疲劳，这对于防止因疲劳导致的运动损伤具有重要意义。

在高校的排球教学中，学生处于生理和心理发育的关键时期，培养他们的耐力素质不仅为学生未来的运动生涯建立了坚实的基础，还对其日常生活和学业起到了积极的推动作用。耐力训练不仅是对体能的提高，它同样可以培养学生的毅力和持续努力的精神品质。因此，在身体素质训练中，发展耐力素质是确保运动员在场上持续、稳定发挥的关键因素之一。

（二）心理素质训练的主要任务

排球运动是一项团队竞技活动，不仅需要学生具备出色的身体技能，还要求他们在关键时刻展现出坚韧的心理素质。因此，在高校排球教学中，心理素质训练的主要任务包括以下几点。

1. 培养学生的自信心

在排球运动中，自信心是每位运动员都应具备的核心品质，因为它关乎运动员能否全力以赴地投入比赛并相信自己的能力。自信心可以理解为运动员对自己技能和能力的坚定信念，它能够驱使运动员在场上迅速地做出决策，果断地执行动作，并在关键时刻勇于承担责任。缺乏自信的运动员可能会在比赛中犹豫不决，担心自己的选择或行动会导致失误，这种心态往往会影响他们的发挥，甚至可能影响整个团队，造成整体战斗力的下降。相反，拥有自信的运动员往往能够更好地调动自己的潜能，把训练中所学的知识应用到实战中，并鼓舞队友共同前进。

在高校排球教学中，培养学生的自信心不仅关乎比赛的成败，还与他们的个人成长密不可分。当学生深知自己有能力面对挑战并克服困难时，他们将更加勇敢地追求自己的目标，不仅在排球赛场上，在日后的生活和职业生涯中他们也能有很好的表现。为培养学生的自信心，教师需要让每位学生都能体验到成功的感受，并从中收获赢得比赛的乐趣和价值。通过不断的实践、反馈和鼓励，学生可以逐渐建立起对自己技能的信心，从而更有自信地面对比赛中的各种情况。

2. 提高心理承受能力

提高心理承受能力是指培养和增强运动员在面对压力、困境或挫折时保持冷静、坚韧和有应对策略的能力。这种能力涉及多个心理维度，包括情绪控制、注意力集中、自我效能感和韧性。

在体育比赛中，特别是在高度竞争的场合，运动员经常会面临来自对手、裁判、观众甚至自己的压力。比赛的每一分、每一秒，特别是关键时刻，都可能会产生巨大的心理压力。例如，面对排球比赛中的关键一分，如果没有足够的心理承受能力，运动员可能会因为紧张、害怕犯错误而导致失误。心理承受能力对于排球运动员尤为重要，因为排球运动是一个高度依赖团队合作的运动，一个运动员的情绪失控或心态的崩溃可能会影响整个团队的表现。只有当每位队员都具备良好的心理承受能力，团队才能在关键时刻保持稳定，逆风翻盘，赢得胜利。

在高校排球教学中，提高学生的心理承受能力不仅能够帮助他们更好地面对和应对比赛中的压力，还能帮助他们在日常生活和学习中更加积极地应对挑战和困境。因此，提高心理承受能力是心理素质训练的一个核心内容。

3. 锻炼学生的专注力

专注力通常是指对特定任务或活动的持续关注，它是人类心智的一个核心功能，使人们能够在众多的刺激中筛选最相关的信息，从而进行有效的信息处理和决策。专注力关乎人们对当前任务的投入程度，决定着人们处理任务的效率和效果。

在排球运动这样一个快节奏、高度协同的团队运动中，专注力的重要性不言而喻。运动员需要在瞬息万变的场景中迅速做出判断和反应，这就要求他们能够快速地集中注意力，过滤无关的干扰信息。例如，当排球从对方场地飞来时，接球的运动员需要在瞬间判断球的轨迹、速度和旋转方向，以确保成功接住并传出，在这一过程中，任何分心的行为都可能导致失误。排球比赛中常常伴随着观众的喧嚣、队友的呼喊和教练的指示，在这样的环境中，拥有良好的专注力可以帮助运动员保持冷静，确保他们始终专注于比赛，不被外界因素干扰。

专注力是我们完成任务、做出决策的基础，在高校排球教学中，教师通过锻炼学生的专注力，可以提高学生在比赛中的表现，促进学生未来职业生涯的发展。

4. 培养团队协作意识

团队协作意识是个体对团队的重视程度、对团队目标的认同以及愿意为团队付出和牺牲的意识。

排球运动不仅是单纯的技能对决，还是策略和团队之间的合作。每一个球员都是整个团队中不可或缺的一部分，他们的每一个动作都与团队的整体表现紧密相关。在比赛中，每个队员需要不断地为彼此传球、设防、攻击，这一切都要求他们具有高度的团队协作意识，能够及时地感知队友的位置、意图，然后做出最合适的决策。团队的每个成员都有其独特的角色和职责，如主攻手需要信赖二传给予的传球，二传则需要依赖接应为其打开进攻空间。这种互相依赖和信任的关系建立在团队协作意识的基础之上，当每个队员都对团队的目标有着清晰的认识，愿意为之付出努力时，这个团队就能够展现出强大的竞争力。因此，培养团队协作意识是心理素质训练中的一项重要任务，它不仅关乎排球比赛的胜负，还关乎每个学生未来在多个领域内的表现。为此，在高校排球教学中，教师需要制定合适的策略和方法，确保学生能够真正理解和体会团队协作的重要性，从而内化为自己的一种思维方式和行为习惯。

三、排球运动员素质训练的原则

排球运动员的素质训练是一个系统化、长期的过程，需要遵循一系列原则以确保其效果并优化运动员的综合表现。下面是排球运动员素质训练的几个关键原则。

（一）科学性原则

科学性原则强调所有的训练方案和策略都应基于科学研究和实践经验。在竞技体育中，细微的差别可能会决定比赛的胜负，因此只有采用经过验证的方法和技术，运动员才能确保在比赛中发挥出最佳状态。

在开展素质训练时遵循科学性原则能够保证训练的有效性，现代科研为我们提供了大量关于体能、技能和心理训练的知识，这些知识可以指导教练和运动员如何制订最佳的训练计划。遵循科学性原则可以有效避免扭伤、摔伤等身体伤害，保证运动员的安全，错误的训练方法可能会导致运动员受伤，而基于科学的方法可以最大限度地降低这种风险。因此，教练要持续关注排球运动方面的最新研究和发现，积极参与培训、研讨会或其他学术活动，以便与领域内的专家交流并学习最新的技术。教练和运动员还可以尝试采用那些已经被其他顶级球队或机构验证过的方法，并在训练过程中进行持续的评估和反馈，不断地测试、测量并根据结果调整训练计划。

（二）全面性原则

在排球运动员素质训练中，全面性原则强调训练的广泛性和多样性，确保运动员的各个方面都能够得到恰当的关注和提高。这意味着训练不仅限于某一特定的技能或身体素质，还包括技术、战术、身体和心理等多个方面。身体和心理并不是孤立存在的，而是相辅相成的，只有二者都达到一个较高的水平，运动员才能在比赛中表现得更好。

排球运动是一项需要多种技能和能力的运动，一个运动员可能在攻击上非常出色，但他如果在接应或防守上存在明显的不足，那么他的整体表现可能会受到限制。排球比赛中的任何薄弱环节都可能被对手利用，从而影响比赛的结果。全面性的训练能够帮助运动员在比赛中更加自信和适应，当他们知道自己在各个方面都经过了充分的训练和准备时，他们在场上就能更加从容应对各种突发情况；这也有助于运动员的心理健康，因为他们知道自己已经为比赛做了充分的准备。因此，在训练与提升排球运动员的身体、心理素质时，教师要遵循全面性原则。

从身体素质训练的角度看，全面性原则要求教师不仅注重发展学生的某一项或几项身体素质（如力量或速度），还需要平衡地提高学生的力量、速度、耐力、柔韧性和协调性等多方面的能力，这样学生在场上无论是跳起、冲刺、扑救还是长时间的持续比赛，都能展现出自己的最佳状态。而在心理素质的训练中，全面性原则同样重要，除强调比赛中的冷静、自信和专注力，教师还需要培养学生的应变能力、与队友的团队协作意识、面对失败的韧性以及在关键时刻的决断力，这样在比赛中遇到不同的情况和挑战时，学生都能迅速调整自己的心态，作出最合适的选择。

在实际操作中，教师在设计训练计划时可以结合每个学生的特点，确保训练内容既有广度又有深度。例如，体能训练不仅要有力量和速度的训练，还要加入有氧和无氧结合的耐力训练，同时辅以柔韧性和协调性的练习；心理素质训练除基础的心理调适技巧，还可以进行模拟比赛，以培养学生在实战中的应对策略。

（三）持续性原则

持续性原则是指训练不应该是零散和断断续续的，而应当是一个持续、系统的过程。持续性原则强调的是运动员需要经过长时间、有规律的训练才能达到理想的效果，并保持和提升这种效果。

身体素质（如力量、速度、耐力等）需要通过长时间的训练才能得到显著的提升，如果训练中断，之前所取得的进步很可能会迅速流失，从生理学的角度来看，肌肉的发展、心肺功能的提高以及能量代谢机制的调整都需要持续性的刺激和锻炼。心理素质（如团队合作、决策力、应对压力的能力等）都是通过实际的训练和比赛反复磨炼、实践出来的，这些心理素质的培养需要时间，不能只是依赖一两次的训练或课程。只有持续地训练，运动员才能在身体和心理上都达到最佳状态，面对比赛时才能发挥出最好的水平。当面临伤病或其他挑战时，持续的训练也更有利于运动员快速恢复和调整。

（四）动态调整原则

动态调整原则是指在排球运动员的素质训练中，根据运动员的实际情况和训练效果，对训练内容、方法、强度和频率进行及时、合理的调整。动态调整原则要求教练员和运动员能够根据训练和比赛的反馈信息，灵活地做出适应性的调整，以确保训练始终朝着既定目标有效地推进。

素质训练是一个复杂的过程，运动员的身体和心理状况会因为疲劳、伤病、情绪波动等内部原因发生变化，外部环境（如训练设备、场地条件、气候变化等）也会对训练产生影响。因此，死板地遵循固定的训练计划而不进行必要的调整，很可能导致训练效果不佳，甚至可能增加运动员受伤的风险。而当发现训练计划与实际效果存在偏差时，及时调整可以帮助运动员更好地适应和克服困难，从而达到更好的训练效果。动态调整还可以根据运动员的身体和心理状况，合理地分配训练和休息的时间，这样既能够确保训练的强度，又能够避免过度训练。

第二节　身体素质的教学训练

一、力量素质的教学训练

（一）主要方法

排球运动员进行力量训练的核心目标是以力量为基石，从而增强跳跃能力、移动能力以及挥击打球的能力。不同的力量发展目标对应的训练策略和方式也会有所不同。一般来看，在高校排球教学中，常见的力量素质训练方法主要有以下几种。

1. 负荷性质

负荷性质的训练方法主要包括等长力量练习、等动力量练习和超等长练习。

（1）等长力量练习。等长力量练习又被称为静力练习，运动员需试图克服一种实际上不可克服的阻力。在这种练习中，施加的力量是可以根据需要进行调整的，如当举起杠铃时，运动员可以轻轻地推，也可以用尽全力进行推送。这种练习不仅是发展静态力量所必需的，还对增加最大力量起到了积极的作用。

（2）等动力量练习。此练习需要借助特定的训练设备（如等动练习器）进行。在等动力量练习中，肌肉始终保持一定的张力进行收缩，并且其收缩速度保持不变。此练习方式能够确保在整个关节的活动范围内，让肌肉在可调的速度条件下都能保持最大张力。这意味着，在动作的每一个环节中，肌肉都经受着最大力量的高效训练。

（3）超等长练习。超等长练习又称为超长练习，它的特点是肌肉首先进行逆向的动作，同时被高度伸展，然后迅速地转换为正向的工作模式。此练习的核心目标是增强爆发力，它的生理基础是牵引反射。

2. 负荷强度

负荷强度在力量训练中主要体现运动员所使用的阻力或重量的多少。为系统地进行力量训练，人们常常根据最大力量的一个百分比或者可进行的最大重复次数的重量相对值，将负荷分为不同的级别。

当提高力量的负荷强度时，所需要的重复次数会相应减少，这意味着总体上的训练负荷量也会有所减少，因此较高的训练负荷主要对人体起到功能性的改变，如调节机能和最大力量的增强。而当负荷强度逐渐降低时，可承受的重复次数就会增加，从而增大总体的训练量，这样的训练方式对肌肉的结构性变化有较大的促进作用，能够使肌肉纤维变得更加粗壮，对提高肌肉的耐力也有积极的作用。轻负荷训练通常是指采用较轻的器械进行的练习，在这类训练中，关键不仅仅在于负荷本身，更多的是加快负荷的节奏或速度，这要求运动员在练习中达到最大的速度，确保输出的功率达到峰值，这样的训练主要目标是增强爆发力。

3. 负荷数量

负荷数量与练习的重复次数有关，当训练强度上升时，相应的重复次数会减少。根据不同的强度和重复次数的组合，训练效果也会有所差异。例如，当目标是提高绝对力量时，训练会采用接近极限的强度（如超过 90% 的最大力量），每组练习的重复次数通常为 1 ～ 3 次；当使用相对较高的强度（大约 75% 的最大力量）并快速重复 6 ～ 8 次的练习时，训练的重点则是增强肌肉的协调性和提高爆发力。

4. 负荷节奏

负荷节奏即练习的速度，与负荷强度和负荷数量紧密相关，负荷节奏决定着如何结合负荷强度和负荷数量来进行训练。应强调的是，无论训练的强度如何，对于排球运动员而言，他们都应该努力确保每一次的动作都达到其主观的最大速度。

5. 负荷方式

负荷方式主要分为持续和间歇两种。在力量训练中，间歇式训练更为常用。间歇的时间长短会根据训练的具体目标、运动员的训练基础、所采用的负荷节奏以及目标肌肉群的大小来进行调整。

（二）注意事项

力量素质的水平对身体训练的成果起着决定性的作用。在身体素质训练中，为确保力量训练达到理想效果，教师需要注意以下几点问题。

1. 力量素质训练既要全面又要有针对性

在提高力量素质时，教师不仅需要锻炼学生四肢、腰、腹、背和臀等主要部位的大肌肉群，还要关注那些容易被忽视的小肌肉群。排球运动涉及的动作复杂，依赖于身体的各部位和各种肌肉的协同合作。因此，不同的力量训练并不意味着对每个肌肉群都给予相同的重视，而是在全面性的基础上，根据排球运动的特性，有所侧重。

2. 练习时要使肌肉充分拉伸和收缩，练习后要使肌肉充分放松

在进行力量训练时，肌肉应当首先被完全拉伸，然后再进行收缩，以确保动作的幅度足够大，这样的锻炼方式不仅能增强肌肉的收缩能力，还能维持肌肉的弹性和收缩速度。训练完成后，由于肌肉充血和紧绷，此时运动员需要进行一些与锻炼动作相反的拉伸动作或者进行按摩和抖动，帮助肌肉放松，这不仅可以加速疲劳恢复，还能预防由于力量训练造成的关节柔韧性减少，并保持肌肉的良好状态。

3. 在进行力量练习时，要注意安全、全神贯注

力量训练并不只是肌肉活动，它也与中枢神经系统有着紧密的关联。因此，运动员在练习时应将注意力完全集中在正在锻炼的部位，确保思维和动作高度一致，这种集中的状态有助于更好地锻炼和发展肌肉力量。尤其是在进行大负荷的锻炼时，运动员绝不能分心或做出轻浮的行为，因为在大笑或分散注意力时，肌肉更容易放松，这在高强度锻炼中可能导致意外伤害。为确保锻炼的效果和安全性，运动员在训练时不仅要增

强个人的自我保护意识，还需要与他人共同努力，特别是在进行极限重量训练时，这样的相互保护可以有效地防止潜在的伤害。

二、速度素质的教学训练

（一）主要方法

1. 分解运动法

分解运动法就是将整个动作分解为较简单的部分，专门锻炼这些部分的速度。通过加强这些分解动作的训练，运动员可以逐渐提高整体动作的反应速度。例如，在排球运动的防守训练过程中，采用“高姿势站位”可以让运动员更容易快速移动，从而提高对球的响应速度。

2. 完善技术法

要实现动作速度的提升，关键在于掌握和完善相关的运动技术。动作的幅度、工作距离、时间、方向、角度及施力部位都与速度有着直接关系。以排球运动为例，运动员在扣球过程中如果缺乏适当的“背部反弓”动作，可能导致打出的球速度较慢。因此，只有深入地熟练并掌握正确的技术，并在实践中保持动作的放松与协调，运动员才能充分发挥主动肌的潜能，进一步提升动作的速度效能。

3. 结合力量练习

提升移动速度离不开力量训练，特别是爆发力的培养。在排球运动领域，虽然力量训练是常态，但核心目标是更好地服务速度的发展。在融合力量训练时，运动员应重视以较快的速度进行特定重量的力量练习，这有助于培养和增强速度力量，从而进一步促进移动速度的增长。

（二）注意事项

1. 合理安排速度素质训练的顺序与时间

身体各项素质和运动能力是相互关联、相互补充和相互制约的。我们在聚焦于某一种素质的提高时，往往会对其他相关素质产生间接或直接的影响。因此，在锻炼速度素质的过程中，我们需要权衡与其他素质之间的关系，明智地制定训练顺序，确保这些素质能相互增强和正向转化。举例来说，为了提高速度，我们经常结合力量的培养，尤其是在进行静力性力量训练时，但静力练习由于动作较为缓慢，可能会降低神经和肌肉的反应灵活性，而速度训练需要高度的神经活动灵活性以及肌肉的迅速、轻盈和协调的收缩，因此我们在进行力量训练之前首先需要进行速度训练，并确保力量训练主要围绕动力性力量。在力量练习中也应穿插一些轻快的跑跳活动或注重协调与柔韧的训练，这对于速度的提升是至关重要的。速度训练的最佳时机应是参与者身心状态达到巅峰、精力旺盛的时刻，因为人体在疲劳状态下的神经反应速度会降低，此时进行速度训练效果将不尽如人意。

2.速度素质训练与专项技术相结合

排球运动不仅要求运动员拥有出色的速度素质，还需要他们在快速的情境下做出准确的技术动作。通过将速度素质训练与专项技术有机结合，运动员可以在实际比赛中更好地将所学技术与身体条件融为一体，从而达到最佳的竞技状态。

速度素质与专项技术的结合意味着当运动员在提高速度和反应能力时，也在不断地完善和强化自己的技术动作。这种结合方式使运动员在迅速地做出反应时，能够更为自然和流畅地完成技术动作，减少因速度增快而导致的技术动作失误。例如，在拦网或扣球的瞬间，运动员不仅需要快速地调整位置和身体姿态，还需要准确地完成技术动作，确保球的准确性和威力。结合速度素质与专项技术的训练可以更加深入地针对运动员的实际需要进行指导，教练可以根据运动员的速度水平和技术动作特点，为他们量身定制训练计划，使运动员在提高速度的同时，能够更为系统地完善自己的技术水平。

3. 从排球运动员实际情况出发

排球运动员的每个个体都有其独特的身体条件、技术基础和比赛经验。为了确保训练效果最大化，教练需要对每位运动员的具体特点进行深入了解，从而为他们制订最适合的训练方案。排球比赛中，速度不仅体现在短距离的冲刺上，还涉及对球场上各种复杂情境的迅速反应，这种反应要求运动员在速度训练中注重个人特色与比赛实际相结合，如一个擅长拦网的队员和一个善于后排防守的队员，在速度训练的重点和方式上可能会有所不同。不同运动员的身体素质、受伤经历和训练基础也会对速度训练产生不同的影响，有些运动员可能具备良好的基础速度，但需要更多的反应速度训练；而有些运动员可能需要加强基础速度的培养。这些都要求教练在制订训练计划时，充分考虑运动员的实际情况，只有这样，速度训练才能真正发挥其作用，帮助运动员在比赛中更好地应对各种挑战，达到最佳的竞技状态。简而言之，从排球运动员的实际情况出发进行速度训练，不仅可以保证训练的有效性和针对性，还能最大限度地提高运动员的竞技水平。

三、柔韧素质的教学训练

（一）主要方法

柔韧性是决定身体能够自由、灵活运动的关键因素，其训练方法主要集中在拉伸练习上，旨在增强肌肉和结缔组织的伸展性。这些拉伸练习可以根据实施方式和效应被细分为主动与被动两大类，这两类又包括动力和静力形式。

1. 主动与被动拉伸练习

主动拉伸练习是由练习者自己产生力量来实现的，分为动力和静力两种。动力主动拉伸（如踢腿和拉肩）通过自主的活动来使软组织（如肌肉、肌腱和韧带）得到伸展。而静力主动拉伸（如扶杆控腿和成桥静止）要求练习者在最大的运动幅度内，利用肌肉力量来保持一个静态的姿势。

被动拉伸练习需要借助外部力量来进行，也分为动力和静力两种。动力被动拉伸（如利用肋木屈体压腿）通过外部力量来加大运动幅度，从而使身体部位得到伸展。静力被动拉伸则是利用外部力量（如器械或他人的协助）来固定身体，在一个特定的姿势中帮助肌肉和结缔组织得到放松和拉伸。

2.拉长肌肉和结缔组织的训练

拉长肌肉和结缔组织的训练主要包括快速爆发式牵拉和缓慢牵拉练习两种方法。快速爆发式牵拉（如扣球的挥臂动作）通常会伴随疼痛感，特别是当预热活动不足时，这种方法更容易导致肌肉拉伤。缓慢牵拉练习则注重对肌肉和韧带的渐进拉长，通常只会有轻微的疼痛感，因为这种方法很少超过关节的伸展极限，因此它的伤害风险较低，且在训练过程中，人们可以更加有意识地放松相对的肌肉群，使训练效果优于快速爆发式牵拉。常见的缓慢牵拉练习包括拉韧带和压腿等活动。

（二）注意事项

1.循序渐进，持之以恒

柔韧素质的训练并非一蹴而就，而是需要持之以恒的意志。由于肌肉、韧带和其他软组织的伸展需要时间才能显著改善，因此练习应该是渐进的，不应过于急切。刚开始进行柔韧性练习时，初次的效果可能很明显，但第二天的练习可能会带来疼痛，之前所取得的效果也可能会消失，这是因为肌肉被拉长后，其回缩力会增强，只有通过持续的、系统性的练习，肌肉和韧带才会适应新的长度并保持这种状态。为了确保柔韧性的持续提高，我们必须时刻提醒自己，当停止训练时，所取得的成果会逐渐减少，尤其是当某一部位因伤而无法练习时，但这并不意味着整体柔韧性训练应该被忽视，因为其他未受伤的部位仍然需要继续锻炼，以防止总体的柔韧性退化，所以无论训练环境如何变化，排球运动员都应保持柔韧性练习的持续性和规律性，这是确保最佳练习效果的关键。

2. 柔韧性练习要因人而异

柔韧性练习的安排需根据特定项目的特点及练习者的实际情况来制定。柔韧性练习虽然要求对身体各部位的柔韧性都要有所关注和提高，但也要特别重视那些与具体项目密切相关的部位。鉴于每个练习者的身体状况和需求都有所不同，柔韧性练习的方法和强度都应该具有针对性和实用性，以确保取得最佳的效果。在运动培训中，各种运动项目对柔韧性都有一定的标准和要求，但并不是所有项目都需要追求柔韧性的极限。就排球运动而言，柔韧性的训练只要能够满足排球技术动作的需求就已足够。

3. 柔韧素质训练应与力量素质发展相适应

柔韧素质的培养应在力量增进的基础上进行，肌肉力量的增长不应由于其体积扩大而妨碍关节的活动范围。力量训练增强了肌肉的收缩性，柔韧训练则增进了肌肉的伸展性。将力量与柔韧训练相结合对于提升肌肉质量是极为有效的，不仅可以确保力量和柔韧性的同步增长，还能保持关节的活动灵活性。

四、耐力素质的教学训练

（一）主要方法

耐力素质的训练方法多种多样，不同方法都有其独特之处，这些独特性主要体现在训练的强度、时长、间隔和重复次数等各种组合与调整上。目前，常见的耐力训练方法主要包括以下几种。

1. 持续训练法

持续训练法指的是在一段相对较长的时间内（通常不少于 30 分钟）以基本稳定的强度进行持续的训练。这种训练方式可以连续地刺激身体，有助于平衡大脑皮层的神经过程，增强心血管和呼吸系统的功能，并能有效地消耗体内的能量储备，从而提高有氧耐力和整体耐力。由于持续训练的时间较长并且没有明显的休息，总体的训练负荷是相当大的。但这种方法的训练强度是相对较低的，并且变化很小，通常会在60%的强度附近进行。这种方式对身体的刺激是累积的，但增长速度比较缓和。在进行持续训练时，心率一般应保持在每分钟140～160次。

2. 重复训练法

重复训练法是在一定的条件下，不更改动作结构和外部负荷，依照设定的休息时间，在体能完全恢复后进行反复的训练。这种训练方式能增强能量物质的代谢活动，并形成超额的恢复与积累，这既能促进有氧耐力的发展，也有助于无氧耐力的增长。在这种方法中，每次的训练负荷和强度可以根据特定的任务和目标进行调整。鉴于在每次训练之前都需要恢复到初始状态（心率保持在每分钟100～120次），每次的训练强度可以确保在中到高强度或接近极限（90%～100%）的范围。长时间的重复训练，其强度应略高于持续训练法，这样有助于提高有氧耐力。而训练强度达到90%或更高时，更侧重于提高无氧耐力。

3. 间歇训练法

间歇训练法是在一轮或一组训练后，遵循特定的休息时间和积极的休息方式，在身体尚未全面恢复的状态下进行接下来的训练。这种方法与重复训练法有相似之处，它们主要的区别在于对休息期间的要求：在重复训练法中，运动员在完全恢复之后才重新开始，休息通常是静态的，没有特定的指导；而在间歇训练法中，休息并不意味着完全的恢复，且其间歇通常是活跃的。采用间歇训练法，运动员通常在身体未完全恢复的状态下开始新的训练，这意味着他们经常会累积疲劳，这会对身体产生更大的刺激，有助于增强心肺功能和无氧代谢水平。间歇训练法中的训练强度和持续时间是相互关联的：当强度增加时，时间减少；当强度降低时，时间增加。根据这些特点，间歇训练法可以细分为低强度和高强度的训练方法。

间歇训练法主要由以下几个基本要素构成：训练的数量、强度、间歇的时间与方式以及重复次数。不同的训练目标需要对这些要素进行不同的组合和调整。以周期性项目的跑步练习为例，当目标是提高一般耐力时，每次的跑步距离应增长，组数应增多，强度应保持在中到低的范围；而在提高力量耐力时，训练的负荷应适中，强度为中等，并且训练次数和组数应增加。为了增强对运动员的身体刺激并实施超量负荷原理以提高身体的能力，训练还可以对上述要素进行调整。例如，增加每次训练的强度更适合于周期性的短跑和举重项目；增加重复训练的次数更适用于周期性长跑和球类项目。

（二）注意事项

1.耐力素质训练应遵循人体生长发育的规律

耐力素质的发展与人体的生长发育紧密相关。耐力的提高与生长发育的阶段不匹配不仅可能无法获得预期的训练效果，还可能对身体健康造成伤害。因此，按照排球运动员的生长发育阶段来合理地规划耐力训练是至关重要的。例如，在儿童和少年阶段，由于他们一般处于耐力和有氧耐力的关键发展时期，因此这两类耐力的训练可以重点进行；当男孩年龄在 14 ～ 16 岁，女孩年龄在 13 ～ 14 岁时，训练可以加入无氧耐力的练习。在决定训练的负荷时，一个重要的指标是心率，通常训练以心率为每分钟 130 次、150 次和 170 次作为儿童和少年在低、中、高训练强度时的参考标准，进入青春期后，训练的负荷会相对增加。选择耐力训练的具体方法和方式也应考虑不同年龄段的生理和心理特性，确保方法与实际情况相匹配。

2.耐力训练应注重个体差异

为了充分提高耐力，训练需要坚持大负荷的原则。但由于每位运动员在训练基础、身体功能、项目需求等方面都有其独特性，因此耐力训练的方法和方式应具备一定的灵活性。训练强度、持续时长、休息的时长和方式以及重复训练的次数也都应该根据每个运动员的实际情况进行个性化调整。

3.注重呼吸方法、节奏和深度

为增强耐力，特别是有氧耐力，掌握正确的呼吸方式至关重要。呼吸的主要作用是为身体提供必要的氧气。人们可以通过增加呼吸频率和加深呼吸深度来增加氧气摄入，其中加深呼吸深度更为关键。由于耐力练习对氧气的需求较高，运动员应更加注意呼吸技巧。经验丰富的运动员往往不仅依赖加快呼吸频率，还注重深化吸气和呼气的深度，因为深度呼气能更有效地排出二氧化碳，从而摄取更多的氧气。排球运动员最好是养成通过鼻子呼吸的习惯，因为鼻腔的黏膜能够过滤和温暖吸入的空气，减少尘埃和冷空气进入肺部，用口呼吸可能导致浅呼吸，而用鼻子呼吸可以避免这种情况。为了达到最佳训练效果，排球运动员应学会如何协调他们的呼吸节奏和动作节奏，因为呼吸节奏的混乱会破坏动作节奏，增加能量消耗，从而影响耐力的提高。

第三节　心理素质的教学训练

在高校排球教学中，针对运动员心理素质的教学训练方法众多。一般的心理素质训练方法包括：放松训练、注意力集中训练、意志力训练等。为特定比赛做准备时常用的方法有：模拟训练、自我暗示训练和动作表象训练等。简单来说，任何旨在改变某种心理状态的措施都可以被视为心理素质训练。然而，在排球运动中，由于每位运动员的年龄、个人心理素质的差异，针对他们进行的心理素质训练方法也应该因人而异。本节将探讨几种不同的心理教学与训练方法。

一、一般心理素质的教学训练

（一）放松训练

放松训练是集中精力帮助自身达到身心放松状态的一种训练方法，旨在通过特定的暗示语言来集中注意力、调整呼吸，进而使肌肉充分放松，以调节中枢神经系统的兴奋状态。当运动员或学生完成了高强度的技术、战术练习或比赛后，他们通常会感到身体和精神上的疲劳。尽管在多数情况下，这种疲劳可以通过自然休息来恢复，但在某些高强度的活动后，仅仅依赖自然休息可能无法完全恢复，尤其是精神疲劳，这种疲劳可能会妨碍他们的训练效果和比赛表现。实践表明，合适的放松训练对于有效地缓解和消除疲劳至关重要。

放松训练的具体方法有很多，如自我暗示放松训练、肌肉骨骼放松训练、自律训练、超觉静坐、催眠术等。这些放松技巧的共同之处在于：高度集中注意力于自我或他人的暗示，进行深入的腹式呼吸，并使全身肌肉彻底放松。也就是说，放松训练主要依赖于自我暗示技巧来实现身体的完全放松。在训练中，特定的暗示语句可以使肌肉得到深层的放松，这时人们常常能感受到四肢的沉稳和一种温暖的感觉。随着呼吸频率的减慢，心率和血压等生理功能也会受到积极的调节，当身心逐渐放松时，大脑皮层的活跃度也会减少。在这种状态下，重复一些积极的、肯定性的暗示语句可以帮助进一步加强放松的体验。心理放松训练是一种高效的缓解紧张和疲劳的手段，它有助于调整身心、平稳情绪，而这并不是一个短期内就能看到明显效果的方法，要真正获得放松训练的益处，需要持续、系统地进行长期的练习。

（二）集中注意力训练

注意力集中是指注意力能够持续并完全地聚焦在一个特定目标上，

而不被其他因素打扰或分散的能力，这种能力通常涉及四个主要元素：意愿的强烈程度、意愿持续的时间、注意力的集中程度以及注意力集中保持的时长。对于运动员来说，保持注意力集中是极为关键的。有研究已经表明，在射击项目中，注意力集中对提高运动表现有着至关重要的作用。注意力的集中程度主要与精神状态有关，而能够维持和延长注意力集中的时间更多地与身体状态相关。当一个人感到精神疲惫时，他的注意力容易分散；身体上的疲劳或健康问题会减少注意力集中的持续时间；不稳定的情绪或过多的杂念也会影响注意力的集中。因此，训练注意力集中不仅是一项心理任务，还需要身体的支持，训练方法也应该是多样的。

以下是几种较为有效的集中注意力的训练方法：第一，对排球运动要有强烈的兴趣，真正的兴趣来自内心，它是集中注意力的重要驱动力；第二，在日常生活中，养成坚持到底的习惯；第三，练习视觉守点、听觉守音的集中能力；第四，在比赛中完全沉浸其中，让身体自然而敏捷地做出反应，而不是过分关注比赛的环境或结果；第五，消除所有的担忧和恐惧，避免情绪的波动。在心理训练中，采用看手表、注视墙上的圆圈、注意物体等方式的练习也颇有成效。例如，观察手表秒针的练习方法如下：开始时，将全部注意力集中在秒针上，并观察它转动 1 分钟、2 分钟或 3 分钟，以确定自己能够持续专注的时间，如果自己可以持续集中注意力观察秒针 1 分 30 秒，那么就将这个时间作为基准，在练习时，每次都努力集中 1 分 30 秒，连续进行 3～4 轮，每轮之间休息 10～15 秒。随着时间的推移，通过不断的训练，每次的集中时间将逐渐增加，当自己能够连续集中注意力 5 分钟观察秒针时，就可以转向集中注意力观察分针；当能够连续集中注意力观察分针 5 分钟时，这意味着注意力集中的能力已经得到了提升。这种看手表的训练可以随时进行，特别是当感觉大脑疲劳或注意力难以集中时，效果尤为显著。

（三）意志训练

人的意志品质是影响心理状态的重要因素。为培养运动员的果断性，教练在训练过程中可以刻意设计一些需快速应对的挑战，帮助运动员迅速作出判断、准确评估风险并坚决执行决策；要让运动员克服心理上的障碍，教练可以通过说服、教育、以身作则以及给予自我指令等方式来实现；而要让运动员学会应对实际的困难，教练可以通过调整训练的难度、设定的标准或改变环境条件来达成。这样的训练不仅能增强运动员的自律，还能帮助他们更好地控制自己的情绪，并培养出坚忍的意志，从而确保在实际比赛中能够最大限度地展现自己的技术和能力。

二、竞技比赛心理素质的教学训练

（一）赛前心理训练

1.自我认知训练

自我认知训练是致力于加强运动员对自身能力的理解和信任的一种心理素质训练方法，它不仅是赛前的自我鼓励或自我安慰，还是一种持续的自我评估和自我调整过程，旨在确保运动员在比赛中展现出最佳状态。自我认知训练强调运动员需要有对自己能力的坚定信心，同时对自己的优势和劣势有清晰的认识。在排球运动中，自我认知训练的重要性更是不可忽视，运动员不仅要理解自己在团队中的角色和定位，还需要对自己的技术和战术能力有明确的认识，从而制定出针对性的比赛策略。

具体来说，排球运动员可以通过以下方法进行自我认知训练。

第一，深度反思。运动员可以定期回顾自己在训练和比赛中的表现，思考自己的技术、策略和心态是否得到了优化，考虑哪些地方需要改进。

第二，日志记录。在每场比赛或训练后，运动员可以记录自己的感受、体验和收获，帮助自己更好地理解自己的进步和挑战。

第三，目标设定。运动员可以根据自身的实际情况和需求，设定短期和长期的训练和比赛目标，这有助于运动员更有针对性地进行准备。

2. 心理适应与准备训练

心理适应与准备训练主要是为了帮助运动员有效地进入比赛的精神状态，迅速适应比赛的气氛和节奏，并在比赛中充分发挥自己的实力。在竞技体育中，尤其是像排球运动这样的团队运动中，除了技术和体能，运动员的心理状态对比赛的结果同样起着决定性的作用。

为确保排球运动员能够在关键时刻充分发挥出水平，教练需要通过多种方法对运动员进行心理适应与准备训练，如教练可以让运动员对比赛对手进行深入的了解，研究对手的技术特点和战术风格，这有助于运动员在比赛中对对手的策略做出快速反应。运动员也要深入了解自己的心理特点，包括可能出现的焦虑、紧张等情绪，并学会如何有效地调控这些情绪，使之达到一个理想的比赛状态。模拟训练是一种高效的心理适应与准备方法，通过模拟比赛的实际环境（如场地、光线、噪声等），运动员在训练中就能体验到比赛的氛围，熟悉比赛的每一个环节，进而在正式比赛中快速进入状态。

在日常的排球教学中，学生在面对高强度的训练和竞争时，难免会产生各种情绪。为此，教师可以根据教学内容设计一些心理训练情境（如模拟关键比分的紧张局面）来强化学生的心理素质，这种训练旨在让学生在真实比赛中能够更好地控制自己的情绪，更加冷静和自信地面对比赛中的每一个挑战。

3. 心理调节训练

心理调节训练是一种专门为提高运动员应对比赛中可能出现的各种情境（特别是那些可能影响他们比赛状态的因素）而设计的训练方法。这种训练的核心目的是确保运动员无论面对何种情境，都能保持一个积极的、专注的心态，从而充分发挥自己的比赛实力。

常见的心理调节方法有赛前谈话、复述比赛程序、心理自我调节、闭目静坐、催眠放松训练、主动疗法训练等。赛前谈话可以有效地激发运动员的参赛动机，使他们明确比赛的目标并为之全力以赴。通过详细复述比赛程序，运动员能够更加熟悉比赛的流程，减轻其可能出现的紧张和恐惧感，为了保持运动员的心态稳定，有时需要他们回避某些可能带来干扰的外界信息，这样可以帮助他们保持情绪的稳定。心理自我调节是让运动员在比赛前预想一些比赛中的积极场景（如成功完成某项动作或取得比赛的优势），这有助于他们体验到获胜的喜悦。闭目静坐和催眠放松训练均可以帮助运动员达到身心放松的状态，进而增强他们的比赛自信，尤其是在面对一些心理上的不适时，这些方法能够有效地缓解运动员的心理紧张和焦虑。主动疗法训练是一种结合身体和心理的方法，在这种训练中，运动员会主动放松与比赛相关的肌肉群，同时通过自我暗示来达到一个积极的心理状态，从而激发他们在比赛中的积极情绪，使他们在比赛中的状态更加出色。

（二）赛中心理调控

在排球比赛中，由于教练在场上的指导能力有限，运动员往往需要依靠自己的能力来调整和维护稳定的心理状态，确保在面对比赛的各种变数时仍能发挥出最佳水平。为在比赛中成功调控心理状态，排球运动员可以掌握以下几种方法。

1.自我暗示

当运动员在比赛中遭遇挫折或受到外界的负面影响时，他们可以使用自我暗示来调整自己的情绪。这种方法可以帮助运动员迅速地重新进入比赛状态，摆脱外部环境的干扰，以更加正面和积极的态度参与到比赛中。

2.呼吸调整

当比赛节奏加快或竞争变得尤为激烈时，运动员可能会感到紧张或焦虑。为了缓解这些情绪并保持最佳状态，运动员可以通过深呼吸来放松身体和心情。这不仅有助于消除心理紧张，还可以增加身体的氧气供应，从而帮助运动员更好地发挥。

3.注意力转移与集中

当运动员受到如观众的嘘声、裁判的误判等外界因素的影响时，他们应学会迅速地将注意力从这些负面因素上转移开，并将其完全集中在比赛上。这样，运动员就能确保自己全身心地投入比赛中，充分发挥出自己的实力。

4.思维阻断

对于比赛中出现的突发情况（如观众的负面评论或大比分的落后），运动员可能会产生消极情绪。在这种情况下，运动员需要运用思维阻断的方法，及时打断消极的心理活动，并用积极的思维来替换。例如，他们可以告诉自己："观众正在支持我""我会成功地应对下一个球"或者"稳定下来，对手马上就会疲劳"。

5.自我宣泄

当面对比赛中不如意的局面时，运动员可以通过各种方式（如擦汗、紧握拳头或大声呐喊）来宣泄自己的情绪。这样，他们可以迅速地释放不良情绪，重新调整自己的状态，以饱满的热情继续投入比赛中。

（三）赛后心理恢复

在排球比赛结束后，运动员不仅需要从身体上得到恢复，还要进行心理层面的调整和恢复，因为比赛过程中可能出现的种种情况（如胜利、失败、压力、挑战等）都可能导致运动员的心理疲劳和情绪波动。

1.通过认知调整比赛所带来的消极心理反应

无论比赛结果如何，运动员都需要学会平衡心态：对于胜利，要持谦逊的态度；对于失败，要学会坦然地接受并从中学习。在日常训练中，运动员应提高自身的认知水平，以理性的态度看待比赛中的起起落落，始终维持一种健康、积极的比赛心态。

2.运用语言暗示及时清除赛后疲劳

由于比赛期间的高度紧张和刺激，运动员很容易出现心理疲劳，甚至可能影响后续的训练和比赛。为此，他们可以运用各种心理技巧（如自我暗示和他人的积极反馈）来放松身心，及时消除比赛后的心理疲劳，确保自己始终保持最佳的心理状态。

3.赛后放松

比赛结束后的放松环节不仅有助于恢复身体疲劳，还能促进心理层面的平衡与调整。为实现有效的赛后放松，以下是一些推荐的方法。

第一，生物反馈训练法。这种方法主要是监测和调整身体的生理反应来实现心理的康复，通过这种方法，运动员可以更直观地了解自己的身体状况，并进行相应的调节。

第二，催眠术。运动员可以通过催眠术进行深度放松和暗示来释放内心的压力，进而达到身心的放松和恢复。

第三，想象放松训练。这种方法要求运动员通过有意识地进行放松想象（如置身于宁静的自然环境中）来帮助解除心理上的疲劳。

第四，参与一些轻松愉悦的娱乐和休闲活动。无论是看一部电影、读一本书，还是和朋友聚会，这些都能够帮助运动员从紧张的比赛氛围中抽离出来，实现真正的身心放松。

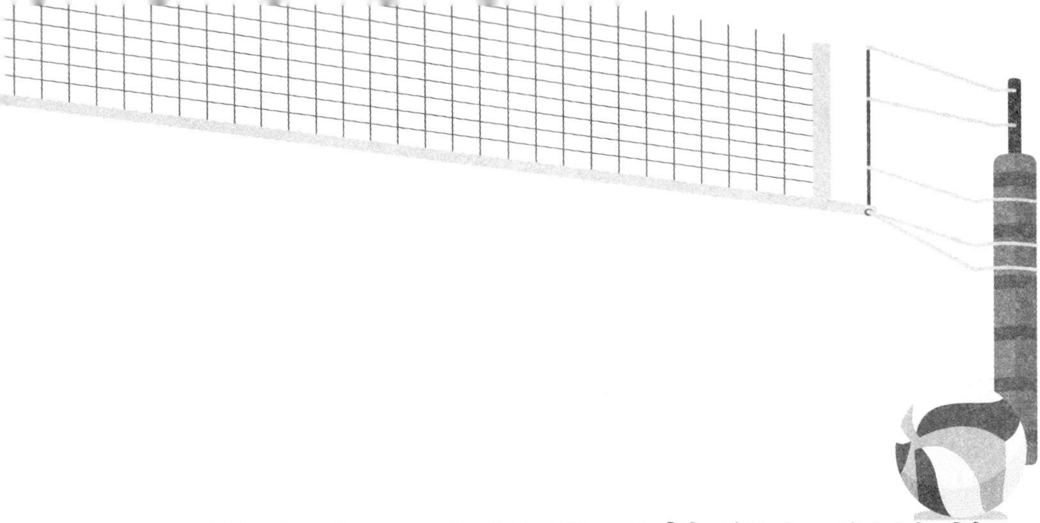

第六章 高校排球教学与训练的创新发展

在当今竞争激烈的体育领域中，排球运动作为一项集团队合作与个人技能于一体的运动，其教学与训练方法也在不断进化与创新。特别是在高校中，与传统的排球训练相比，教师在教学与训练过程中应更注重创新与发展，以适应新时代大学生的身心特点和学习需求。高校排球也承担着如何更好地培养学生的体育素养，促进其全面发展的重要任务。本章将深入探讨高校排球教学与训练的创新发展路径，旨在为教育工作者、教练和学者提供一种全新的视角。

第一节 高校排球教学与训练创新发展的趋势

随着社会的快速发展和科技的不断进步，体育领域也在经历着深刻的变革，特别是在教育体系内，高校体育作为培养未来人才的重要基地，面临着与时俱进的压力和挑战。排球运动作为一项历史悠久、深受学生喜爱的团队运动，更是在这股创新的浪潮中找寻着自己的定位和方向。从传统的教学模式到现代的科技辅助教学，从单一的体能训练到心理与技能的综合训练，高校排球教学与训练的创新发展已经成为教育者和学者关注的焦点。从目前的发展趋势上看，未来的高校排球教学与训练将更加科技化、个性化和多元化，注重技术、策略和心理三方面的平衡发展，以确保学生和运动员能够在健康的环境中达到最佳状态。

一、技术与数据分析的应用

在当今数字化的时代，技术与数据分析已成为各领域发展的助推器。在高校排球教学与训练中，应用技术与数据分析已经不再是一种选择，而是一种必然。过去，排球运动的教学与训练主要依赖于教练的经验和直觉，但如今技术的应用带来的精确度和深度分析为这个领域带来了革命性的变化，其中一个明显的变化是使用传感器和摄像机捕捉运动员的动作数据。通过这些设备，教练和运动员可以更为详细地了解动作的每一个细节，从而更精确地进行指导和调整，如摄像机可以捕捉运动员在扣球时的手臂摆动角度、速度和力度，数据分析软件则可以根据这些数据为运动员提供反馈，从而帮助他们改进技术。数据分析也可以帮助教练和运动员更好地理解比赛策略，如通过对对手比赛录像的分析，教练和运动员可以识别对方的战术布局和弱点，从而为我方制定更具针对性的策略。

之所以会呈现这一发展趋势，一方面是由于现代技术的迅速发展使数据收集和分析变得更为便捷和准确；另一方面，现代排球竞技水平的提高要求教学和训练更为专业和科学，传统的依赖于经验的方法已经无法满足这一需求。

对此，高校需要做的是加强与技术公司的合作，引进先进的技术和设备。技术公司在数据收集、处理和分析方面拥有丰富的经验和专业知识，他们制造的设备和开发的软件往往更加精确、高效。而高校可以为技术公司提供实际应用的场景和反馈，使技术的研发更贴近实际需求。因此，这种合作关系是互补的。通过与技术公司的合作，高校可以更迅速地引进并应用最新的技术，如摄像头、传感器和数据分析软件。这些技术不仅可以使教学与训练变得更加科学和系统，还可以为学生和运动员提供更多的反馈和建议，帮助他们更好地提高技能。

高校也需要加强对教练和运动员的培训，使他们能够熟练地运用这些技术进行教学与训练。教练和运动员是高校排球教学与训练的主体，他们直接面对和应用这些技术。如果他们不能熟练地运用这些技术，那么技术的价值就会大打折扣。而当教练和运动员能够有效地利用这些技术时，这些技术不仅可以提高训练的效率和质量，还能为运动员提供更具体和准确的反馈，助力他们持续提高。为了实现这一目标，高校应制订系统的培训计划，涵盖各种技术的基础知识、操作方法及其在排球教学与训练中的应用策略。这种培训不仅要注重理论知识的传授，还要注重实践操作的训练，确保教练和运动员可以在真实的教学和训练场景中熟练地运用技术。

高校还应该鼓励跨学科的研究，如将计算机科学、数据分析与体育训练相结合，以促进排球教学与训练的创新与发展。通过跨学科的合作，各方专家可以共同研究，将最新的技术知识与排球的实际需求相结合，探讨排球教学与训练创新的方法和途径。

二、个性化教学与训练

随着教育理念的更新和技术的快速发展，高校开始认识到每一位学生都有独特的学习方式和能力，传统的“一刀切”式教学方式已不再适应现代教育的需求。排球运动作为一项团队运动，每位运动员在场上的角色和位置都有所不同，他们的身体素质、技术特点、心理状态以及学习习惯都各不相同。为了更好地发掘每位运动员的潜能，并使他们在场上发挥最佳状态，个性化的教学与训练成为必然的选择。只有针对每个运动员的特点制订合适的训练计划和教学方法，他们的个人实力和团队的整体实力才能真正提高。

面对这一趋势，高校排球教学与训练应进行相应的改革和调整。教练应加强对新技术的学习和应用，利用技术手段对每位运动员的表现进行精细化的分析，然后根据分析结果制订合适的训练计划。教练也应该加强与运动员的沟通，了解他们的心理状态和需求，帮助他们解决在训练和比赛中遇到的问题。除此之外，高校还应鼓励运动员自我管理和自主学习，培养他们的自主性和创新性，通过提供多样化的学习资源和环境，使运动员能够根据自己的实际情况，选择最适合自己的学习方法和训练方式，从而实现真正的个性化教学与训练。

三、多元化的教学方法

科技的进步，尤其是数字技术和网络技术的飞速发展，为多元化的教学方法提供了前所未有的可能性。多元化的教学方法意味着不再依赖单一的教学手段或模式，这种转变正是基于对每位学生独特性的尊重和对学生差异性（如学习风格、背景、兴趣和能力等）的考虑。在排球教学与训练中，多元化的教学方法意味着教练需要探索和尝试不同的教学策略（如实地训练、模拟训练、视频分析、团队讨论、案例研究等），从而创造一个更加丰富和有深度的学习环境。教练应当持续进行自我更新，学习并掌握新的教学技术和方法，同时要关注学生的需求和反馈，灵活调整教学策略。高校应该提供丰富的教学资源（如现代化的训练设备、多媒体教学材料和在线学习平台等），进而真正满足现代教育的需求，培养更多的优秀排球人才。

第二节　高校排球教学与训练创新发展的原因

随着时代的变迁，排球运动这一深受人们喜爱的团队运动，也在持续地发生着改变与进步。特别是在高等教育中，排球运动的教学与训练方式已经不再满足于传统的模式。高校排球教学与训练创新发展的原因是多种多样的，它是技术、社会、教育、体育产业等多个领域变革和进步的综合体现。

一、技术进步

随着现代科技的发展，我们拥有了更多高精度的运动捕捉设备和分析软件，这些技术使教练和教育者能够更精确地了解每位运动员的动作习惯、体能状态和比赛策略，如通过捕捉设备，教练可以详细了解运动员发球、扣球时的动作细节，从而为运动员提供更具体和具有针对性的指导和建议。数据分析技术的应用使教练和运动员能够更系统地理解比赛，传统的观察和分析方式往往依赖于人的感知和经验，而现代的数据分析可以为我们提供更客观和全面的信息，这不仅有助于教练制定更合理的比赛策略，也使运动员能够更深入地理解自己的优势和不足。技术进步还推动了远程教学的发展，通过现代通信技术，高校的排球教练和运动员可以与世界各地的专家进行交流和学习，无须受到地理位置的限制，这为高校排球教学与训练带来了更广阔的视野和更丰富的资源，而这一切都源于技术进步带给我们的无限可能。技术不仅是一种工具，还是一种推动我们前行的力量，在面对技术给予的机会时，高校排球领域需要敞开胸怀，积极应用和探索，以期获得更为出色的教学与训练效果。

然而，我们在追求技术带来的便利的同时，不能忽视其背后可能带来的负面影响。依赖技术进行训练分析可能会出现对数据的过度依赖，导致教练与运动员对于直观的场上感知能力的减弱，数据分析虽然客观，但排球运动作为一项集体运动，仍然需要依赖教练和运动员的感知和判断，过度依赖技术可能会削弱这种能力，使在紧要关头，运动员无法根据实际场景做出快速判断。技术的引入可能导致对传统基本技能的忽视，高精度的设备和软件可以帮助运动员优化技术，但基本技能的打磨和培养仍然是排球训练的基石，只有在扎实的基本技能的基础上，辅助技术才能发挥最大的效用。技术设备和数据分析还可能成为经济负担，高精度的技术设备和专业的数据分析软件往往伴随着高昂的成本，高校在引入这些技术时，需要确保资金的合理使用，避免导致其他方面的资源匮乏，因此高校需要保持清醒的头脑，确保技术与传统教学和训练方法之间的平衡。

二、教育理念的变革

传统的高校排球教学往往更侧重于技术的传授和固定模式的训练，而当今的教育理念强调学生的主体地位以及因材施教的重要性。在当代教育中，学生不再被视为被动的知识接受者，而是被看作主动的学习者，这一变革使排球教学开始从单一的教授模式转变为与学生互动、鼓励他们主动参与的模式，学生被鼓励表达自己的看法，分享自己的经验，与教练共同探讨技术和战术，这不仅有助于增强学生的学习兴趣和动机，还可以帮助教练更有效地针对每个学生的特点进行个性化的教学。现代的教育理念强调培养学生的综合素质，而不只是某一项技能，这使排球教学开始关注学生的心理、身体和社交能力的全面发展，如团队合作的训练可以培养学生的团队协作能力和沟通技巧，与对手的比赛可以培养学生的竞争意识和压力下的应变能力。教育理念的变革还强调创新和批判性思维的培养，这意味着在排球教学中，教练不再是唯一的权威，学生可以对传统的教学方法和训练模式提出疑问和建议，这种开放的教学氛围有助于激发学生的创新意识，推动排球教学与训练的持续发展。

三、社会对健康体育的重视

在现代社会，随着生活水平的提高和健康观念的深入人心，越来越多的人开始注重身体健康，认识到体育运动对促进身心健康的重要性。而高校作为培育社会新一代人才的摇篮，自然也要对此做出积极响应。

健康体育的概念不再局限于竞技体育，它更强调运动的普及性、参与性和对整体健康的益处，这样的观念转变促使高校重新审视排球教学与训练的目标和内容。排球运动作为一项团队运动，不仅可以培养学生的协作精神和竞技能力，还能帮助他们建立健康的体魄，增强身体素质，从而更好地应对未来的各种挑战。在此背景下，高校开始将排球教学从纯粹的技能训练扩展到更全面的健康教育，排球课程不再仅仅关注如何打好球，更多地涉及如何通过排球运动达到身体健康、心理平衡以及社交能力的提高，教学方法也因此变得更加灵活和多样，更加注重学生的实际参与和体验。社会对健康体育的重视也为高校引入更多资源和支持提供了机会，企业和社区的赞助、体育设施的建设和更新、教练和教育者的培训以及高校与其他学校和组织的交流合作都得到了前所未有的关注和投入，进一步推动了高校排球教学与训练的创新与发展。

第三节　高校排球教学与训练创新发展的路径

一、排球教学手段的创新

在过去，排球教学往往采取标准化的教学模式（如固定的动作教学、统一的训练计划等），但这种方法忽略了每个学生的个体差异，很难充分发掘每位学生的潜能。为了突破这一局限，高校应该尝试采用更加灵活和个性化的教学方法。例如，教师可以根据学生的身体素质、技能基础和兴趣爱好，为学生设计不同的训练方案，确保每位学生都能得到最适合自己的训练。

随着科技的发展，各种先进的技术设备和工具也为排球教学提供了新的可能，高清视频分析、运动生物力学模拟、虚拟现实技术等都可以为教学提供更为直观和细致的反馈。例如，教师可以使用高速摄像机记录学生的动作，然后通过视频分析软件进行详细的动作解析，为学生提供更精准的指导，这不仅可以帮助学生更快地掌握技能，还能有效预防运动伤害。因此，高校需要充分利用现代科技的优势，确保教学内容和方法与时俱进，特别是排球运动的理论知识，它对于初学者而言可能显得有些抽象和难以理解。为了让学生更直观地领会这些知识，教师可以通过多媒体技术播放一些排球明星的训练和比赛视频，让学生直观地看到如何进行发球、扣球或接应的细节动作，并解析其背后的技巧和原理。通过这些视频，学生还可以了解到那些在赛场上闪亮登场的排球运动员，分析他们所展现出的高超技巧是如何一点一滴通过日常训练积累起来的，这种教学方法不仅能够让学生更加真实地感受到排球运动的魅力，还可以激发他们的训练热情，增强他们在面对挑战时的毅力和决心。

在教学过程中，教师还可以采用探究性教学方法，激发学生的学习兴趣和主动性。例如，教师可以将学生分成不同的小组，每个小组都需要负责研究一个特定的排球战术，在小组合作的过程中，学生不仅需要收集和整理相关的排球资料，还需要与小组成员一同讨论、分析和实践，以更深入地理解和掌握所研究的战术；通过小组合作的方式，学生还可以培养自己的团队协作能力、沟通交流能力和解决问题的能力；教师可以根据学生的研究成果，及时进行指导和反馈，使学生在探究的过程中不断完善和提高。

情境教学是提高学生学习兴趣的重要教学手段，其核心在于创设一个真实、具体的排球学习场景，这种场景能够模拟实际比赛中可能出现的各种情况，这样学生在参与教学活动时，就如同置身于一场真实的排球比赛中，他们可以更直观地感受到比赛的氛围和紧张感。为了有效地开展排球情境教学，教师首先需要设计和选择合适的排球情境，这些情境可以是一些典型的比赛场景（如关键时刻的发球、接发球、扣球等），教师可以在教学开始之前，向学生介绍这些情境的背景和重要性，使学生更加投入和专注。然后在教学过程中，学生需要在这些情境中亲自实践，体验和解决实际比赛中可能遇到的问题，在这个过程中，教师的角色更像是一个引导者和协助者，他们需要观察学生的表现，及时给予反馈，帮助学生不断调整和完善自己的技巧。情境教学的结束不应该是学生完成任务后的简单总结，而是应该组织一次真实的模拟比赛，让学生在这样的比赛中应用所学的知识和技能，这不仅可以检验学生的学习效果，还可以增强他们的自信和成就感。

二、排球教育内容的更新

排球运动作为一项经久不衰的运动，随着时间的推移，其技术、战术和训练方法都在持续地发展和演变。对于排球教育来说，更新教育内容不仅是为了跟上这些变化，更是为了确保学生能够在现实比赛中获得更好的表现。随着体育科学和技术的进步，我们对于如何更高效、更科学地进行排球训练也有了更深入的了解。新的训练方法、技巧和策略不断被提出，这意味着教育内容需要不断地进行调整，以确保学生能够获得最前沿的知识。因此，教师应当定期参与各种专业的排球培训、研讨会，从专家和教练那里了解到最新的训练方法和技巧；或者关注国际和国内的大型排球比赛，这样的比赛往往是排球技术和战术发展的风向标，通过分析这些比赛，教师可以获得关于如何更好地培训学生的启示；与其他高校的排球教练和教育者交流也是一种很好的方式，通过这种交流，教师可以了解到其他学校在排球教育方面的最新实践和成果，进而借鉴和吸收。除了外部信息，教师还应当关注学生的反馈，学生是教育的直接受益者，他们对于教育内容的感受和建议是非常宝贵的，教师可以通过定期的调查和访谈来了解学生的需要和期望，进而调整教育内容。

三、排球实践训练多元化

在排球实践训练中，教师可以通过加入各种与排球运动相关的游戏环节，让训练更加生动有趣，这种方式不仅打破了传统排球训练的单调模式，还能让学生在参与游戏的过程中自然地体验和掌握排球技能，当学生在轻松的游戏环境中学习和实践，他们的技能水平也会相应提高。教师还可以根据学生的需求和兴趣，设计各种创新性的训练模式，让学生更深入地投入排球运动中，从而提高训练的质量和效果。有些学生可能在某项技能上表现出色，而在其他技能上可能稍显欠缺，针对这种情况，教师可以为学生制订个性化的训练计划，帮助学生弥补不足，进一步提高技能水平。除此之外，高校也应该更加重视排球活动的组织，如高校可以定期举办各种排球比赛，为热爱排球运动的学生提供一个展示自己技能的平台，这样的活动不仅能提高学生的参与度，还能进一步激发他们对排球运动的热爱，从而使排球教学更加生动、有效。

排球运动融身体素质的挑战与团队合作的精神为一体，既是广大群众热衷的健身方式，也是观众喜爱的精彩赛事。为确保每一位学生掌握技术和战术，培养排球运动意识，教师必须注重运用科学性的训练计划和方法，不断更新教学理念，探索并实践创新性的教学模式和方法，推动高校排球运动朝着更加健康、持续的方向发展，彰显排球运动在素质教育和全民健身中不可替代的重要地位，并为社会的全面进步贡献自己的力量。

参考文献

[1] 王然 . 高校排球教学实践及其课程创新研究 [M]. 长春：吉林科学技术出版社，2021.

[2] 王薇 . 高校排球运动教学与训练发展研究 [M]. 长春：吉林出版集团股份有限公司，2022.

[3] 陶尚武 . 校园排球课程教学理论分析与创新 [M]. 北京：九州出版社，2018.

[4] 庞俊娣 . 多元化教学法在排球技术教学中的应用研究 [M]. 长春：吉林人民出版社，2021.

[5] 杨建平 . 高校排球运动教学模式探索与实践 [M]. 哈尔滨：哈尔滨地图出版社，2007.

[6] 张嘉俊，杨铭祺 . 关于普通高校排球队接发球训练现状及对策研究 [J]. 当代体育科技，2023，13（23）：143–147.

[7] 卢安淇 . 高校排球教学中领会教学法的应用与研究 [J]. 健与美，2023（1）：111–113.

[8] 陈婉红 . 高校排球教学模式的创新研究 [J]. 冰雪体育创新研究，2022（15）：78–81.

[9] 李雯 . 网络时代背景下高校排球教学创新 [J]. 新体育，2022（14）：24–26.

[10] 林天豪 . 浅析高校排球教学现状及教学模式的改进 [J]. 冰雪体育创新研究，2022（5）：71–73.

[11] 张月，胡伟 . 高校排球教学中学生战术意识的培养 [J]. 体育视野，2021（22）：38–39.

[12] 周云峰 . 高校排球运动员扣球技术与拦网技术探讨 [J]. 成才之路，2021（33）：123–125.

[13] 易志成 . 普通高校排球运动队的教学与训练研究 [J]. 冰雪体育创新研究，2021（7）：97–98.

[14] 张青娟 . 体育游戏在高校排球教学中的应用分析 [J]. 当代体育科技，2021，11（10）：106–108.

[15] 张海珍 . 高校排球教学现状及教学模式的改进研究 [J]. 江西电力职业技术学院学报，2020，33（10）：18–19.

[16] 牛奔 . 高校排球教学对学生战术意识的培养策略研究 [J]. 计算机产品与流通，2020（9）：226.

[17] 陈天鹏 . 高校体育课程中排球教学的有效训练方法分析 [J]. 中国培训，2020（6）：58–59.

[18] 白雪，令狐昌琴 . 提升高校排球教学训练质量的方法略谈 [J]. 当代体育科技，2020，10（13）：21，23.

[19] 王景宇 . 高校排球扣球教学方法的创新研究 [J]. 体育世界（学术版），2019（8）：111，116.

[20] 徐德辉 . 关于提升高校排球教学训练质量的方法研究 [J]. 体育世界（学术版），2019（8）：124–125.

[21] 马宝国 . 高校排球运动教学中战术意识的培养 [J]. 黑龙江科学，2019，10（17）：11–13.

[22] 王广瑞 . 高校排球正面双手传球有效教学策略构建 [J]. 当代体育科技，2019，9（22）：168–169，171.

[23] 孙阳 . 高校排球教学训练现状及应对策略 [J]. 黑龙江工业学院学报（综合版），2019，19（7）：24-27.

[24] 苏雅拉图 . 高校排球教学中对排球意识的培养 [J]. 黑龙江科学，2016，7（1）：110-111.

[25] 常波，王健，安大庆 . 高校排球教学中二传手的能力培养 [J]. 赤峰学院学报（自然科学版），2015，31（18）：130-131.

[26] 王虹，拓万亮 . 高校学生排球选项课中技战术应用的研究 [J]. 知识经济，2014（24）：175，177.

[27] 左丹 . 论高校排球运动训练的创新研究 [J]. 运动，2014（4）：99-100.

[28] 闫琪，师玉涛 . 功能性体能训练在排球项目中的应用 [J]. 中国体育教练员，2012，20（1）：22-24.

[29] 倪昭林 . 初探高校排球意识的训练 [J]. 科技信息，2010（34）：673.

[30] 杨红英 . 高校排球教学发展刍议 [J]. 湖北体育科技，2010，29（4）：466-468.

[31] 尹洪满 . 排球比赛发球进攻系统和接发球进攻系统分竞赛过程得失分规律 [J]. 北京体育大学学报，2009，32（9）：101-103.

[32] 宋元平，储庆桂，王淑珍 . 高校排球队课余训练中若干问题的思考 [J]. 安徽师范大学学报（自然科学版），2005（3）：372-375.

[33] 吴冶 . 排球教学俱乐部分层教学的实验研究 [J]. 北京体育大学学报，2004（8）：1112-1114.

[34] 孟范生，张涛 . 中国排球发展出路探析 [J]. 成都体育学院学报，2002（4）：67-69.

[35] 王成，姚雪芹，杜丛新 . 我国高校办高水平排球队的现状分析与发展对策 [J]. 北京体育大学学报，2002（2）：235-238.

[36] 吉建秋，陈颖川 . 高校高水平排球运动规范化运行的体制分析 [J]. 北京体育大学学报，2002（2）：239-241.

[37] 安琪 . 论“自由人”在排球比赛中的应用 [J]. 中国体育科技，2000（3）：25–26，43.

[38] 钟秉枢，董天姝，张然，等 . 实行新规则后排球比赛规律初探 [J]. 体育科学，2000（2）：34–38.

[39] 周云峰 . 高校排球运动员扣球技术与拦网技术探讨 [J]. 成才之路，2021（33）：123–125.

[40] 冯宏伟 . 普通高校的排球队训练研究 [J]. 新西部（下半月），2010（4）：250.

[41] 林军，李艳杰 . 高校女排拦防战术设计与实践的研究 [J]. 吉林体育学院学报，2008，24（6）：20–21.

[42] 杨玉荣，倪利 . 关于加强普通高校排球队基本技术训练的思考 [J]. 云南农业大学学报（社会科学版），2008，2（6）：84–86.

[43] 辛伟 . 从现代排球发展特点谈高校高水平排球队员的技术与体能训练 [J]. 哈尔滨体育学院学报，2005（3）：109–111.

[44] 尹慧忠 . 微课在高校体育教育排球普修课教学中的应用研究 [D]. 济南：山东师范大学，2018.

[45] 赵丹彤 . 基于职业能力培养的我国高等体育院校运动训练专业课程体系再设计 [D]. 北京：北京体育大学，2016.

[46] 古松 . 新时期中国竞技排球发展战略研究 [D]. 北京：北京体育大学，2012.

[47] 胡雅欢 . 运动训练专业课程体系的重构研究 [D]. 重庆：西南大学，2010.

[48] 张浩 . 高校高水平运动队发展路径选择的研究 [D]. 北京：北京体育大学，2008.